„Jonathan Leeman provětrává špinavé prádlo v našem životě a vysvětluje, jak je vyprat. Vstupuje do náročné oblasti pastorační péče a nepochybně mezi čtenáři vyvolá řadu podnětných diskusí. Mne však znovu a znovu přesvědčuje. Tato kniha vás určitě nezklame. Je stručná, biblická, moudrá a praktická – přesně takovou knihu na téma církevní kázně jsme potřebovali."

Mark Dever, hlavní pastor Capitol Hill Baptist Church, Washington DC

„V dnešní době je k sehnání už jen málo knih o církevní kázni, které by vycházely z Bible a vyznačovaly se pastorační citlivostí. Neznám žádnou, která by byla tak exegeticky přesná, relevantní pro praxi a obsahovala tolik příkladů ze skutečného života, které by ukazovaly, jak mají sbory přistupovat k širokému spektru běžných problémů. Navíc je Leeman užitečným způsobem stručný a pozoruhodně jasně se vyjadřuje. Vřele doporučuji!"

Craig Blomberg, uznávaný profesor Nového zákona na Denver Seminary

„Je to vynikající a jedinečné teologické dílo. Leeman dokázal, že církevní kázeň představuje nezbytnou stránku učednického procesu, a v širším smyslu tedy i zvěstování evangelia jako takového. Ukazuje, jak nám naše příliš úzké zaměření na to, ‚kolik lidí se rozhodne pro Krista', může nakonec bránit v tom, abychom vedli lidi k pokání, které je přivede k životu. Věřím, že se z této knihy stane určující dílo na téma církevní kázně, a naši starší ji mají v plánu používat jako praktického průvodce."

J. D. Greear, vedoucí pastor, The Summit Church, Durham, Severní Karolína

„Jednou z činností, které církev v současné době nejvíc zanedbává, je uplatňování láskyplné, odvážné a vykupující církevní kázně. Tato kniha poskytuje jasnou vizi a praktická vodítka pro tuto nezbytnou součást společného života Kristova těla. Mnohokrát jsem viděl, jak byli lidé ve sborech, kde se tyto principy uplatňují, vysvobozeni z hříchů, do nichž se zapletli, a modlím se, aby přibývalo sborů odhodlaných vrátit se k této obnovující službě."

Ken Sande, prezident služby Peacemaking Ministries a autor knihy *Cestou usmíření*

„Když křesťané uslyší slova ‚církevní kázeň', představí si kritiku, odsouzení, trest, přísnost bez lásky a exkomunikaci. Jonathan Leeman uvádí tyto představy na pravou míru a vysvětluje, co měl Ježíš na mysli, když tento princip duchovní vykazatelnosti zavedl. Leeman objasňuje smysl církevní kázně i to, kdy je nezbytná. Už díky názorným příkladům situací, které uplatnění církevní kázně vyžadují, se knihu rozhodně vyplatí si přečíst!"

J. Carl Laney, profesor biblické literatury na Western Seminary, autor knihy A *Guide to Church Discipline* (Průvodce sborovou kázní)

JONATHAN LEEMAN

CÍRKEVNÍ KÁZEŇ

JAK
CHRÁNIT
JEŽÍŠOVO
JMÉNO

DIDASKO

OBSAH

PŘEDMLUVA K SÉRII 9MARKS

Knižní série 9Marks vychází ze dvou základních předpokladů. Za prvé z toho, že místní sbory jsou pro křesťanský život mnohem důležitější, než si možná velká část dnešních křesťanů uvědomuje.

Za druhé z toho, že místní sbory začínají být živější a životaschopnější, když svůj život začnou organizovat kolem Božího slova. Bůh promlouvá a sbory by měly naslouchat a následovat. Když církev naslouchá a následuje, začíná připomínat Toho, za kým jde. Zrcadlí jeho lásku a svatost. Vyzařuje jeho slávu. Sbory, které Bohu naslouchají, se mu čím dál víc podobají.

Naše základní poselství sborům tedy zní: nevzhlížejte k principům podnikání ani k nejnovější módě, ale k Bohu. Začněte tím, že budete znovu naslouchat Božímu slovu.

Z tohoto celkového projektu 9Marks vzešla série knih. Některé jsou zaměřené na kazatele, jiné na členy církví. Všechny by v sobě měly spojovat pečlivé zkoumání Bible, teologické úvahy, společenské aspekty, praktické uplatnění pro sbor jako celek a možná i trochu osobního napomenutí. Nejlepší křesťanské knihy jsou vždy současně teologické i praktické.

Modlíme se, aby Bůh tuto knihu i ty ostatní používal k tomu, aby pomohla připravit jeho nevěstu, církev, tak, že bude v den jeho příchodu zářit slávou.

PŘEDMLUVA

VYPRÁVĚNÍ O DVOU EVANGELIÍCH

Kterému „evangeliu" věříte?

Vaše odpověď na tuto otázku bude mít přímý dopad na to, co si budete myslet o církevní kázni. Než tedy začneme hovořit o čemkoliv dalším, je důležité ujistit se, že mluvíme o stejném evangeliu.

Uvádím zde dvě mírně odlišné verze evangelia. První z nich jakoukoli diskusi o církevní kázni nejspíš umlčí. Ta druhá povede k rozproudění rozhovoru.

První evangelium: Bůh je svatý. Všichni jsme zhřešili, což nás oddělilo od Boha. Bůh ale poslal svého Syna, aby zemřel na kříži a pak vstal z mrtvých, aby nám mohlo být odpuštěno. Každý, kdo v Ježíše Krista věří, může mít věčný život. Nejsme ospravedlněni skutky. Jsme ospravedlněni pouze z víry. Evangelium tedy všechny lidi volá, aby „prostě uvěřili". Bůh, který nás bezpodmínečně miluje, nás přijme takové, jací jsme.

Druhé evangelium: Bůh je svatý. Všichni jsme zhřešili, což nás oddělilo od Boha. Bůh ale poslal svého Syna, aby zemřel na kříži a pak vstal z mrtvých, aby nám mohlo být odpuštěno a abychom mohli začít následovat jeho Syna jako svého Krále a Pána. Každý, kdo bude činit pokání a uvěří, může získat věčný život – život, který začíná teď a sahá do věčnosti. Nejsme ospravedlněni skutky. Jsme ospravedlněni pouze z víry, ale účinná víra nikdy nezůstane sama. Evangelium tedy všechny lidi volá, aby „činili pokání a uvěřili". Bůh, který nás miluje všemu navzdory, nás přijme bez ohledu na to, co bychom si zasloužili, a pak nám bude mocí Ducha svatého pomáhat, abychom svou svatostí a poslušností připomínali jeho Syna. Když nás Bůh smířil sám se sebou, smířil nás i se svou rodinou, církví, a umožňuje nám, abychom ho jako jeho lid společně zastupovali a zjevovali jeho svatou povahu a trojjedinou slávu.

Takže co myslíte? Které z těchto dvou evangelií podle vašeho názoru lépe odpovídá učení Bible?

První verze klade důraz na Krista jako Spasitele, ta druhá na Krista jako Spasitele a Pána.

Ta první zdůrazňuje Kristovo dílo odpuštění v rámci nové smlouvy. Ta druhá zahrnuje jak toto, tak obnovující působení Ducha svatého, které je rovněž součástí nové smlouvy.

První verze poukazuje na nové postavení, které křesťané získávají jako Boží děti. Ta druhá zahrnuje jak nové postavení, tak nový popis práce, který dostávají jako občané nebeského království.

První verze vyzdvihuje křesťanovo smíření s Kristem, ta druhá jeho smíření s Kristem i Kristovým lidem.

Pokud vaše chápání evangelia končí u první verze, nebude vám téma církevní kázně ani celá tato knížka příliš k užitku. Pokud ale přijímáte tu druhou, je zde prostor pro delší dialog. Církevní kázeň totiž není jen jasné biblické pověření, ale i důsledek té druhé verze.

Vše, co prohlašuje první verze, platí, ale je třeba zmínit ještě další věci. Když ji totiž ponecháme jen tak, často z ní vzejde víra v lacinou milost. Druhá verze podle mě představuje solidnější vysvětlení biblického evangelia a s větší pravděpodobností povede k takovému pochopení milosti, které křesťany povolá, aby na sebe vzali svůj kříž a následovali Krista v jeho svatém poslání.

DVĚ REAKCE NA CÍRKEVNÍ KÁZEŇ

Odhaduji, že v uplynulém století by velká část církevních vedoucích potvrdila dodatečné body té druhé verze evangelia – přinejmenším pokud by vyplňovali odpovědní arch středně tvrdou tužkou. Neodpovídalo by to ovšem tomu, co kázali z kazatelny. Ani tomu, co by řekli manželům Jonesovým, kteří by přivedli do sborové kanceláře svého šestiletého Adámka a žádali, aby ho kazatel pokřtil.

Církevní vedoucí touží zasáhnout evangeliem lidi mimo církev, ovšem tato oprávněná touha s sebou nese ošklivé pokušení – osekat evangelium na něco hubenějšího. Je poměrně snadné mluvit o Boží milosti, bezpodmínečné lásce a víře. Hovořit o Boží svatosti, o tom, že Kristus je Pán, o Duchem darovaném pokání nebo o tom, že církev žije v realitě nové smlouvy, je těžší. Každá z těchto skutečností klade na člověka určité nároky. Vytváří potřebu skládat účty. A když stavíte církev na evangeliu, které klade na lidi jen minimální požadavky a nabízí jen minimální vykazatelnost, církevní kázeň prostě nebude dávat smysl.

Představte si sbor odkojený duchovním mlékem typu „stačí prostě uvěřit" a „Boží láska je bezpodmínečná". Jak by to asi dopadlo, kdybyste takovému sboru navrhli vyloučení Adámka, kterému už není šest, ale dvacet a branou kostela neprošel od chvíle, kdy před dvěma lety odmaturoval? Nejenže byste tím vyvolali u členů sboru zmatek, ale vyrazili byste plnou parou proti jejich chápání křesťanství, jako kdybyste otočili auto a vyřítili se proti všem ostatním, které jedou v protisměru.

„Chováte se sudičsky."

„Proč by Bůh, který nás bezpodmínečně miluje, někoho trestal?"

„To mi připadá zákonické. Jsme přece spaseni vírou, a ne skutky."

„Když je člověk jednou spasený, je spasený jednou provždy."

Jinými slovy, převálcují vás.

Teď si ale zkuste představit jiný sbor, jehož vedoucí by členy seznamovali s evangeliem obsahujícím celou vůli Boží (viz Skutky 20,27). Takoví členové byli ještě předtím, než veřejně vyznali víru, požádáni, aby si spočítali náklady následování Krista. Slyšeli, že Boží království patří těm, kdo jsou chudí duchem, čistého srdce a působí pokoj (Matouš 5,3–9). Slyšeli, že nebeský Otec odstraní každou větev Kristovy révy, která neponese plody, protože evangelium lidi mění (Jan 15,2). Slyšeli o rozdílu mezi zármutkem po způsobu světa a zbožným zármutkem: ten první spočívá v tom, že člověk lituje sám sebe, zatímco druhý připomíná spíše ochotu k omluvě, znepokojení, bázeň, touhu a horlivost (viz 2. Korintským 7,10–11 ČEP).

Druhý ze zmíněných sborů bude s větší pravděpodobností chápat, že Boží Syn skutečně sjednocuje lidi sám se sebou a se svou rodinou, aby mohli žít a růst. Bude rozumět tomu, že Bůh Duch svatý opravdu vytváří v lidském nitru úplně nové bytí a že opravdoví křesťané se mění. Zkuste těmto lidem říct, že dvacetiletý Adámek dva roky nechodí na bohoslužby. Rozhodně nepokrčí rameny, nezamumlají nic ve smyslu „jednou spasený, navždycky spasený" a nebudou klidně pokračovat ve zpívání chvalozpěvů. Při první vhodné příležitosti sáhnou po telefonu, pokusí se s Adámkem spojit a zeptají se, zda by s nimi nezašel na oběd. Zjistí, jak se mu daří, a budou ho volat k odpovědnosti ohledně jeho tvrzení, že je křesťan. Dokonce se může stát, že ho v posledním zoufalém pokusu pomoci mu vyloučí ze sboru. Mají ho příliš rádi na to, aby to neudělali. A mají příliš rádi své nevěřící přátele a spolupracovníky, aby to neudělali.

SŮL A SVĚTLO

Právě Boží slovo dává život duchovně mrtvým, avšak pozadí pro jeho slovo mají podle Božího záměru tvořit proměněné životy. Ty dělají ze svědectví církve něco živého a provokativního. Svět nepotřebuje pokřesťanštěný stín sebe sama; potřebuje něco, co bude plné světla a chuti; něco odlišného a výrazného. Vy jste sůl země. Jestliže sůl ztratí chuť, čím bude osolena? Nehodí se již k ničemu, než aby ji vyhodili a lidé po ní šlapali. Vy jste světlo světa. Nemůže být ukryto město ležící na hoře. A když rozsvítí lampu, nekladou ji pod nádobu, ale na stojan; a svítí všem, kteří jsou v domě. Tak ať vaše světlo září před lidmi, aby uviděli vaše dobré skutky a vzdali slávu vašemu Otci, který je v nebesích. (Matouš 5,13–16)

Sůl je užitečná, protože má charakteristickou chuť, která se liší od všeho ostatního. Světlo přitahuje lidi stojící ve tmě tím, že zkrátka není temné.

ÚVOD

RÁMEC PRO KÁZEŇ

Hlavním cílem této knihy není přesvědčit vás o důležitosti církevní kázně. Má těm, kdo už jsou o ní přesvědčeni, pomoci zjistit, jak a kdy ji uplatňovat. Z tohoto hlediska je důležité vidět, jakým způsobem nám evangelium Ježíše Krista poskytuje teologický rámec, na jehož základě bychom měli k církevní kázni přistupovat. Církevní kázeň, a to jak ta formativní, tak ta nápravná, je důsledkem evangelia. Jak máme prakticky přistupovat ke kázni, snáze pochopíme, když se vydáme *cestou evangelia*.

Znamená to, že můj přístup k církevní kázni se poněkud liší od těch, které v minulosti používali jiní. Autoři, kteří se k tomuto tématu vyjadřovali v minulých staletích, někdy na základě Bible vytvářeli seznamy hříchů, které vyžadují církevní kázeň. Jejich cílem bylo poskytnout sborovým vedoucím základní vodítka, se kterými by mohli porovnat své vlastní způsoby řešení pastoračních krizí.

Díla na téma církevní kázně od současných autorů čtenáře typicky provedou kroky, které Ježíš vyložil v Matoušově evangeliu 18,15–20. Vysvětlují, jak nejprve zajít za hříšníkem v soukromí, pak si přizvat dva nebo tři další lidi a poté celý sbor. Nevěnují příliš mnoho pozornosti druhům hříchu; o rozšiřujícím se okruhu svědků z 18. kapitoly Matoušova evangelia pojednávají, jako by zahrnoval všechny případy.

K oběma těmto přístupům by se dalo říct mnoho pozitivního, avšak moje metoda je poněkud jiná. Doufám, že se mi podaří ustavit teologický rámec vysvětlující různé přístupy, které použili samotní pisatelé Bible. Například Pavel uplatnil v 1. Korintským 5 jiný přístup než Ježíš v 18. kapitole Matoušova evangelia. Pavel sboru jednoduše sdělil, že mají hříšníka vyloučit, a vůbec se nezmínil, že by ho měli předem varovat. Proč? Podle některých autorů je důvodem to, že se jednalo o „hřích způsobující veřejné pohoršení". Z toho by ale vyplývalo, že rozhodnutí církve ohledně toho, kdo patří do nebeského království, bude záviset na neustále se měnících morálních měřítkách společnosti, což mi připadá podivné. Že by mezi 18. kapitolou Matoušova evangelia a 5. kapitolou 1. listu Korintským neexistovala teologická souvislost? Věřím, že tato souvislost existuje a že ji odhalíme, když se nad církevní kázní zamyslíme ve světle evangelia.

Přístup v podobě teologického rámce by měl vedoucím rovněž pomoci čelit nekonečně pestré škále okolností a hříchů, pro které neexistuje žádný přesný biblický precedent – tedy hříchů, které se neobjevují na žádném seznamu. A pokud už nějakou dobu fungujete jako kazatel (nebo prostě jako lidská bytost), víte, že hříšníci, jako jsme já nebo vy, jsou nekonečně kreativní. Ne vždy připravují své hříchy podle určitého receptu; každý kotlík jejich odporné kaše je domácí výroby a každá chutná trochu jinak. V 1. části je tedy mým cílem ustavit teologický rámec, který vedoucím sborů pomůže najít vhodný přístup k nejrůznějším situacím, jimž budou muset čelit.

NÁROČNÉ OTÁZKY

Jako členové týmu 9Marks jsme od pastorů, kteří nás žádali o radu, obdrželi celou řadu otázek na téma církevní kázně. Uvádím několik, které se v poslední době ocitly v mé e-mailové schránce:

- Je možné káznit někoho, kdo není členem sboru?
- Co bychom měli udělat, když jeden z našich členů úplně odešel od víry a přestal se označovat za křesťana?
- Měl by sbor přijmout žádost o zrušení členství od člověka, který žije v hříchu a odmítá činit pokání?
- Když sbor určitého člověka vyloučí, co bychom měli dělat, když se někdo s vyloučeným odmítne přestat společensky stýkat?
- Měli bychom na Den díkůvzdání jíst společný oběd se členem rodiny, který je ve sborové kázni?
- Když někomu, kdo je ve sborové kázni, dovolíme, aby dál chodil na bohoslužby, nebude to podrývat akt kázně?
- Co dělat s dlouhodobým návštěvníkem bohoslužeb, který není člen sboru, ale působí rozbroje?

- Co dělat s dlouhodobým členem, který nechodí na bohoslužby, a přesto působí rozbroje?
- Podléhá církevní kázni křesťan, který hodlá uzavřít manželství s nevěřícím?
- Vztahuje se církevní kázeň na obžerství?
- Vztahuje se církevní kázeň na anorexii nebo bulimii?
- Existují různé úrovně kázně? Měla by církev reagovat na cizoložníka, který odmítá činit pokání, stejným způsobem jako na někoho, kdo dlouhodobě nechodí na bohoslužby?
- Měl by sbor káznit dospívajícího člena, který se dopustí závažného hříchu?
- Za jakých podmínek je nutné káznit kazatele? A kdo by se v takovém případě měl ujmout vedení?
- Jaké konkrétní pokyny by měli členové sboru dostat ohledně kontaktů s člověkem, který je v kázni?
- Mělo by se u závažnějších a veřejnějších hříchů vyžadovat, aby dotyčný na důkaz svého pokání vyznal hřích celému sboru?
- Kdy máme vyloučeného člena přijmout zpět do společenství a jak to máme udělat?

Když získáte dobrý teologický rámec, pomůže vám to nacházet odpovědi na tyto i mnoho dalších otázek.

Přiznávám, že tyto otázky jsou přímočaré a mají omezený rozsah. Ve skutečném životě to často bývá mnohem složitější, kdy postupně začnete odhalovat spoustu různých vrstev hříchu a okolností. Co například udělat s člověkem, kterému se úspěšně dařilo šidit klienty, aniž tím porušoval zákon, pak zbankrotoval, klienti se s ním začali soudit a on tvrdí, že činil pokání, ale neprojevuje prakticky žádnou snahu splatit peníze, které těmto klientům dluží? Peníze jsou koneckonců pryč a kdo by chtěl příštích deset let života přinášet takové oběti?

A co se svobodnou matkou tří nemanželských dětí, která počtvrté otěhotněla s dalším mužem a v slzách se zhroutí v pastorově kanceláři? Poznáte upřímnost jejího pokání z toho, jak usedavě pláče?

A co s alkoholikem, který mívá několik špatných měsíců a pak zase pár dobrých a teď ho zatkli za opilství na veřejnosti? O kolik horší je jeho hřích, když při tom urážel policistu? A co když k tomu poslednímu incidentu vedla ztráta zaměstnání nebo to, že se od něho odstěhovala manželka? Měli bychom projevovat větší shovívavost?

Uvedu zde situaci, ohledně které mě telefonicky žádal o radu jeden starší sboru, s nímž jsem se nikdy nesetkal: Manželka jistého muže byla manželovi nevěrná. Manžel trval na rozvodu, přestože si jeho žena přála dát vztah do pořádku. Sám měl několik poměrů před rozvodem i po něm. A toto vše vyšlo najevo teď, o dva roky později, když je dotyčný zasnoubený s dcerou hlavního kazatele. Co byste tomuto staršímu doporučili vy?

Nejlepší odpověď, kterou mohu nabídnout, často bývá: „Vůbec netuším, ale budu se za vás modlit."

Kromě toho používám teologický rámec pro posouzení situace. V první části této knihy se pokusím tento rámec vysvětlit, abych vám pomohl zjistit, jak přistupovat k celé škále problémů, které se ve vašem sboru vyskytnou.

ROZDÍL MEZI FUNDAMENTALISTICKÝM NÁBOŽENSTVÍM A EVANGELIJNÍ MOUDROSTÍ

Často se v životě dostaneme do situace, kdy bychom si přáli mít příručku pravidel, která by nám umožnila vidět všechno černobíle: „Když se stane *tohle*, udělej *tamto*.“ Pokud patříte mezi kazatele nebo rodiče, očekávám, že přesně víte, o čem mluvím.

Když dojde na to, kdy a jak bychom měli reagovat na hřích jiného věřícího, jsme na tom přesně stejně: „Mohl by mi někdo spolehlivě poradit, jestli je teď načase Bobovi něco říct, nebo se mám raději kousnout do jazyka a dál mlčet?“

Fundamentalistické náboženství ve své drsnější podobě budí dojem, že je motivováno touhou po jasnosti. Chce mít černobílé řešení, kde Bible mlčí. Vyžaduje jistotu tam, kde ji Bible nenabízí.

Proč Bůh vůbec nechává věci nejasné? Hádal bych, že mimo jiné proto, že si přeje, abychom k němu volali o moudrost. Prosba o moudrost totiž od soběstačných lidí, jako jsme my, vyžaduje, abychom se na něho spolehli. Všechny ty šedé oblasti v našem životě fungují jako hřiště, na kterém si nacvičujeme důvěru.

Po tomto prohlášení musím upřesnit, že Boží slovo nám poskytuje obecnější vodítka neboli určitý rámec. Naším úkolem je tomuto rámci porozumět a pak ho postupně citlivě uplatňovat v jednotlivých situacích s tím, že se v životě budeme neustále spoléhat na Boha a neustále ho prosit o moudrost. Tento přístup popisuje druhá část knihy. Není to fundamentalistický kazuistický zákoník, který by říkal: „Když budeš čelit *tomuhle*, udělej *tohle*." Spíše se jedná o můj pokus názorně předvést, jak je možné uvedený základní rámec aplikovat na scénáře různého druhu, abyste získali lepší představu, jak takový proces může vypadat. Rozhodnutí, která dotyční udělali, nepředstavují „poslední slovo". Jsou příkladem toho, jak se já sám nebo jiní kazatelé snažíme co nejlépe praktikovat evangelijní moudrost. Umožňují mi také lépe pracovat s rozdíly mezi jednotlivými situacemi, než kdybych měl k dispozici pouze kapitoly z první části, kde se pokouším stanovit principy.

Stejně jako u několika výše uvedených příkladů jsem tyto „kazuistiky" vytvořil s použitím prvků situací ze skutečného života, ve kterých jsem se angažoval nebo jsem o nich přinejmenším slyšel. Detaily jsem u všech těchto případů různě pozměnil.

Ve třetí části knihy nabízím doporučení, jak vést sbor k praktickému uplatňování církevní kázně: co je nutné církev učit a které struktury bude potřeba ustanovit.

MĚLI BYCHOM PRAKTIKOVAT CÍRKEVNÍ KÁZEŇ?

Měl by váš sbor uplatňovat církevní kázeň? Ano. Především proto, že církevní kázeň je projevem lásky, a to:

- lásky k jednotlivci – aby byl varován a přiveden k pokání;

- lásky k církvi – aby byly chráněny slabší ovce;
- lásky k přihlížejícímu světu – aby mohl vidět Kristovu proměňující moc;
- lásky ke Kristu – aby sbory mohly vyvyšovat jeho svaté jméno a poslouchat ho.

Když se naopak kázni vyhýbáme, vlastně tím tvrdíme, že naše láska je větší než ta Boží. O Bohu koneckonců platí: „Koho Pán miluje, toho přísně vychovává, a trestá každého, koho přijímá za syna" (Hebrejům 12,6 ČEP).

Ví totiž, že kázeň přináší plody v podobě života, růstu a zdraví: „A to nás naši tělesní otcové vychovávali podle svého uvážení a jen pro krátký čas, kdežto nebeský Otec nás vychovává k vyššímu cíli, k podílu na své svatosti" (Hebrejům 12,10 ČEP).

Ano, káznění je bolestné, ale vyplatí se: „Přísná výchova se ovšem v tu chvíli nikdy nezdá příjemná, nýbrž krušná, později však přináší ovoce pokoje a spravedlnost těm, kdo jí prošli" (Hebrejům 12,11 ČEP). Dokážete si představit ta vlnící se pole pokoje a spravedlnosti? Přesně tohle Bůh slibuje.

Každé uplatňování církevní kázně by tedy měla motivovat láska. Milujete? Pak budete káznit. Kázeň sice nepatří mezi slova, jimž by současná společnost rozuměla, a už vůbec se od společnosti nedá čekat, že by chápala postup od lásky ke kázni. Kázeň je však něčím, co vyučuje Bible. Souhlasíte?

Konkrétněji bychom tedy měli uplatňovat kázeň proto, že:

- je to biblické;
- vyplývá to z evangelia;
- posiluje to zdraví sboru;
- svědectví církve před národy se díky ní stává jasnější a zářivější;
- varuje hříšníka před ještě horším blížícím se soudem;
- a především chrání jméno a pověst Pána Ježíše na zemi.

Ježíš spojil své jméno s církví. Vsadil na ni svou pověst. Je to zvláštní, že? V konečném důsledku nespočívá celá zodpovědnost na nás. Na životě starozákonních Izraelců ukázal Bůh dostatečně jasně, že udělá vše, co je k ochraně jeho vlastního jména zapotřebí. Přesto pověřil naše sbory určitým úkolem: mají dělat všechno pro to, aby měl před národy dobré jméno a dobrou pověst. Ať se nám to líbí, nebo ne, svět si na Boha udělá názor podle toho, co uvidí na nás.

Církevní kázeň je tedy v zásadě spjata se snahou zajistit, aby Ježíšovi zástupci na zemi zastupovali Ježíše, a ne někoho jiného.[1]

---

[1] Pokud byste potřebovali víc argumentů o důležitosti uplatňování církevní kázně ve vašem sboru, doporučujeme vám knihu Kena Sanda *Cestou usmíření* (Didasko, 2022). Autor doporučuje také knihy v angličtině, především 7. kapitolu knihy Marka Devera *Nine Marks of a Healthy Church*, dále: Mark Lauterbach, *The Transforming Community*; Wyman Richardson, *Walking Together*; Eric Bargerhuff, *Love that Rescues* a dnes již klasické dílo Jaye Adamse *Handbook of Church Discipline*.

CÍRKEVNÍ KÁZEŇ

Doufám, že celkový rámec následujících několika kapitol bude přesvědčivý. Měl by názorně ukazovat obraz Ježíšova lidu, který se učí vypadat jako Ježíš právě proto, že touží, aby nad Ježíšem národy žasly.

1. ČÁST

STANOVENÍ RÁMCE

1

BIBLICKÝ ZÁKLAD CÍRKEVNÍ KÁZNĚ

Co je to církevní kázeň? V širším smyslu je to jedna ze součástí procesu výchovy učedníků – ta část, ve které upozorňujeme učedníka na hřích a ukazujeme mu lepší cestu. K výchově patří i káznění. Křesťan je vychováván prostřednictvím učení a napravování, stejně jako při hodině matematiky učitel vyučuje určitou látku a pak opravuje chyby, které žáci udělají.

Právě z tohoto důvodu má církev už celá staletí ve zvyku hovořit o formativní a korektivní stránce učednictví. Ta formativní pomáhá formovat učedníka prostřednictvím vyučování. Ta korektivní ho pomáhá vést k nápravě upozorňováním na hřích. Tato kniha se zaměřuje na korektivní stránku učednictví, avšak vyučování a upozornění na hřích vždy působí společně. Je to dáno samotnou povahou výchovy učedníků.

V konkrétnějším a formálnějším smyslu by se dala církevní kázeň definovat jako akt vyloučení jednotlivce ze sboru, takže přestane být jeho členem, a z účasti na večeři Páně. Není to akt, kterým by se danému jednotlivci zakazovalo účastnit se veřejných shromáždění církve. Je to veřejné prohlášení sboru, že už nemůže potvrzovat vyznání víry daného člověka a dál ho prohlašovat za křesťana. Je to exkomunikace neboli vyloučení ze společenství, tedy odmítnutí vysluhovat dotyčnému večeři Páně.

Pro jasnost uvádím, že slova „vyloučit ze sboru" (neboli „exkomunikovat", „vyloučit ze společenství" či „vyloučit z účasti na večeři Páně") a „formálně káznit" budu používat jako synonymní vyjádření. Někteří k těmto krokům přistupují jako k různým stadiím procesu, já nikoliv.

JEŽÍŠ NA TÉMA KÁZNĚ

O praxi církevní kázně se zmiňuje mnoho novozákonních textů. Asi nejznámější pochází z Matoušova evangelia. Ježíš zde říká:

> Jestliže tvůj bratr proti tobě zhřeší, jdi a pokárej ho mezi čtyřma očima. Poslechne-li tě, získal jsi svého bratra. Jestliže by však neposlechl, vezmi s sebou ještě jednoho nebo dva, aby „ústy dvou nebo tří svědků byl potvrzen každý výrok". Jestliže by je neposlechl, pověz to shromáždění, a jestliže by neposlechl ani shromáždění, ať je ti jako pohan a celník. (Matouš 18,15–17)

Při povrchním pohledu se zdá, že Ježíš sleduje dva zájmy: za prvé mu jde o hříšníkovo pokání a za druhé o to, aby byl počet lidí, kteří se dotyčného snaží přivést k pokání, co nejmenší. Pod povrchem těchto zájmů se však skrývá hlubší přesvědčení, že by církev měla vypadat jinak než svět. Křesťané by neměli žít jako pohané a celníci. Matoušovi židovští čtenáři by si pod slovem „pohan" představili ty, kdo jsou mimo smluvní společenství, a pod slovem „celník" ty, kdo toto společenství zradili (a tudíž byli také mimo ně). Členové církve by měli žít jinak než svět. A pokud to po sérii varování neudělají, měla by je církev ze svého společenství vyloučit.

Hřích, o kterém je zde řeč, se odehrává v mezilidském vztahu: „proti tobě". Podle mého názoru je však význam tohoto detailu přeceňován. Podstatné je, zda dotyčný činí pokání a zda se k němu mají věřící chovat jako k bratrovi nebo sestře v Kristu. Obecnější prohlášení v těchto verších se týká pravomoci místní církve hodnotit vyznání víry a na tomto základě jednat: „Shodnou-li se dva z vás na zemi v jakékoli věci…" (Matouš 18,19). Jinými slovy, církev může proces církevní kázně popsaný ve verších 15–17 uplatňovat šířeji.

Stručně řečeno je Ježíšovým záměrem, aby církve vykonávaly soudní funkci. Ježíš ve své formulaci čerpá z 19. kapitoly Deuteronomia, kde je řeč o dvou nebo třech svědcích. Je to oddíl, ve kterém Mojžíš stanovuje pravidla pro řešení případů z oblasti trestního práva. Ve vztahu k lidem, kteří svými ústy tvrdí, že zastupují Ježíše, ale žijí způsobem, který je s tím v rozporu, musí církev pečlivě zvážit důkazy a vynést rozsudek. „Je toto platné hlásání evangelia? Je toto opravdový hlasatel evangelia? Co vyplývá z důkazů?"

APOŠTOLOVÉ NA TÉMA KÁZNĚ

I apoštol Pavel se církevní kázně dovolává na mnoha různých místech:

> Bratři, kdyby byl někdo i přistižen v nějakém přestoupení, vy, kdo jste duchovní, napravujte takového člověka v duchu mírnosti a dávej si každý pozor sám na sebe, abys i ty neupadl do pokušení. (Galatským 6,1)

> ... a nemějte žádnou účast na neplodných skutcích tmy, spíše je usvědčujte. (Efeským 5,11)

> Rozvratníka po prvním a druhém napomenutí vyobcuj. (Titovi 3,10 B21)

> Jestliže někdo neposlouchá naše slovo v tomto dopise, dávejte si na něho pozor a nestýkejte se s ním, aby se zastyděl. Avšak nepokládejte ho za nepřítele, nýbrž napomínejte ho jako bratra. (2. Tesalonickým 3,14–15)

Jan povzbuzuje k něčemu, co by se dalo označit za preventivní kázeň, spočívající v tom, že bude dotyčnému hned od začátku zabráněno podílet se na společenství církve:

Každý, kdo zachází dále a nezůstává v učení Kristově, nemá Boha; kdo zůstává v učení Kristově, má i Otce i Syna. Přichází-li někdo k vám a nepřináší toto učení, nepřijímejte ho do domu ani ho nezdravte. (2. Janův 9–10)

Jasný příklad uplatnění preventivní kázně vidíme i u Petra (Skutky 8,17–24).

KÁZEŇ V KORINTU

Poslední známý oddíl na téma církevní kázně nacházíme v 5. kapitole 1. listu Korintským. V prvních verších kapitoly pojednává Pavel o hříchu a své reakci na něj:

Skutečně je slyšet o smilstvu mezi vámi, a to o takovém smilstvu, jaké není ani mezi pohany, že totiž někdo má ženu svého otce. A vy jste nadutí, místo abyste raději byli zarmouceni a odstranili ze svého středu toho, kdo se dopustil tohoto činu. Neboť já, ač tělem vzdálen, duchem však přítomen, už jsem, jako bych byl přítomen, vynesl rozsudek nad tím, kdo takový čin spáchal... (1. Korintským 5,1–3)

Na Pavlových slovech je nápadné, jak se jeho rada překrývá s Ježíšovou radou v 18. kapitole Matoušova evangelia a jak se od ní současně liší. Stejně jako Ježíš povzbuzuje i Pavel církev k tomu, aby plnila soudní roli. Dokonce několikrát používá slova jako „soudit" a „rozsudek" (viz 1. Korintským 5,1.12–13). Stejně jako Ježíš se vyjadřuje k situaci, kdy má být někdo, kdo vyznává víru v Ježíše, vyloučen z církve. Na rozdíl od Ježíšovy rady v 18. kapitole Matoušova evangelia však sboru neříká, že by měl dotyčného varovat a volat k pokání. Jednoduše tvrdí, že ho má sbor bez dalších otázek vyloučit. Zdůvodněním tohoto postupu se budeme zabývat ve 3. kapitole. V následujících verších Pavel pečlivě vysvětluje, jak by měl tento akt vyloučení vypadat:

... ve jménu našeho Pána Ježíše Krista — až se shromáždíte, vy a můj duch spolu s mocí našeho Pána Ježíše — vydejte takového člověka Satanu k záhubě těla, aby duch byl zachráněn v den Pána Ježíše.

„Vydat dotyčného Satanovi" znamená (Ježíšovými slovy) chovat se k němu jako k pohanovi nebo celníkovi, tedy jako k někomu, kdo už nepatří do smluvního společenství. Církev je koneckonců základna Božího království. Kdo do tohoto království nepatří, tedy náleží do toho Satanova. Satan je vládcem tohoto světa a království tohoto světa mu dočasně patří (Jan 12,31; 14,30; Matouš 4,8–9).

Dále Pavel upozorňuje na to, že nevyloučit dotyčného znamená ohrozit celé společenství:

Vaše chlouba není správná. Nevíte, že trocha kvasu prokvasí celé těsto? Vyčistěte proto starý

kvas, abyste byli novým těstem, neboť jste ne-
kvašení. Vždyť Kristus, náš velikonoční Beránek,
byl za nás obětován. Slavme tedy svátek ne se
starým kvasem, ani s kvasem špatnosti a zloby,
ale s nekvašenými chleby upřímnosti a pravdy.
Napsal jsem vám v dopise, abyste se nesměšo-
vali se smilníky; nemíním však všeobecně se
smilníky tohoto světa nebo s chamtivci, lupiči
a modláři, neboť to byste museli z tohoto světa
vyjít. Napsal jsem vám však, abyste se nesměšo-
vali s tím, kdo si říká bratr, a přitom je smilník
nebo chamtivec nebo modlář nebo utrhač nebo
opilec nebo lupič; s takovým ani nejezte. (1. Ko-
rintským 5,6–11)

V závěrečných verších Pavel znovu zdůrazňuje justič-
ní roli církve, kterou má plnit v životě daného muže:
„Proč bych měl soudit i ty, kdo jsou mimo nás? Nesoudíte
snad vy ty, kdo jsou uvnitř? Ty, kdo jsou mimo, bude
soudit Bůh. Odstraňte toho zlého ze svého středu!"
(v. 12–13).

SMYSL CÍRKEVNÍ KÁZNĚ

5. kapitola 1. listu Korintským je zvlášť užitečná k rozpo-
znání smyslu církevní kázně. Můžeme z ní vypozorovat
přinejmenším pět důvodů. Za prvé má sloužit k *odhale-
ní*. Hřích se stejně jako rakovina rád skrývá. Kázeň tuto
rakovinu odhaluje, aby mohla být z těla rychle odstraně-
na (viz 1. Korintským 5,2).

Dalším cílem je *varování*. Aktem kázně sbor nevykonává Boží trest; spíše v menším měřítku předvede nadcházející Boží soud (v. 5). Kázeň je projevem soucitného varování.

Třetím cílem je *záchrana*. Církev uplatní kázeň v situaci, kdy se její člen vydal na cestu směřující ke smrti a nenechá se od ní žádným přemlouváním ani varovnými signály odradit. Je to poslední možnost, ke které se můžeme uchýlit, abychom dotyčného přivedli k pokání (v. 5).

Za čtvrté slouží kázeň k *ochraně*. Podobně, jako se rakovina šíří z jedné buňky na druhou, šíří se hřích od člověka k člověku (v. 6).

Za páté má kázeň sloužit k *zachování dobrého svědectví o Kristu*. Zní to zvláštně, ale církevní kázeň je vlastně pro nevěřící dobrá věc, protože pomáhá udržet atraktivní výjimečnost Božího lidu (viz v. 1). Nezapomeňte, že sbory by měly být solí a světlem. „Jestliže sůl ztratí chuť," říká Ježíš, „nehodí se již k ničemu, než aby ji vyhodili a lidé po ní šlapali" (Matouš 5,13).

POTŘEBA EVANGELIJNÍHO RÁMCE

Právě z tohoto poslední cíle je zřejmá potřeba širšího teologického rámce, který nám umožní zjistit, jak k církevní kázni přistupovat.

Zkuste se zamyslet nad tím, jaké dilema téma církevní kázně vzbuzuje. Jak jsme si totiž řekli, církevní kázeň se soustředí na *nápravu hříchu*. Většina z nás by se však shodla na tom, že křesťanské evangelium se soustředí na odpuštění hříchu. Pokud Bůh hříchy odpouští, proč si dělat starosti s jejich napravováním? I křesťané jsou povoláni k tomu, aby druhým odpouštěli. Jaký smysl by tedy mělo mít usměrňování někoho, kdo se dopustil hříchu?

Zředěné evangelium, které hovoří jen o odpuštění a bezpodmínečné lásce, nemá zdroje pro to, aby se s tímto povrchovým napětím vypořádalo. Sbory se pak k hříchu nevyjadřují a začínají napodobovat svět.

Solidnější evangelium se však vyjadřuje nejen k problému viny, která je důsledkem hříchu, ale i k problému zkaženosti způsobené hříchem, a to ve spojení s příslibem nové přirozenosti. Zasazuje také evangelium do širšího dějového rámce biblického příběhu o Božích záměrech s lidstvem, které ho má zastupovat.

Bůh pověřil Adama, aby byl skrze vládu nad stvořením jeho názorným obrazem, jenže Adam v tom selhal. A stejně tak i Izrael. Selhal v tom i izraelský král David. Pak ale přišel někdo, kdo znázorňoval Boha dokonale. Dobrá zpráva evangelia spočívá v tom, že Bůh připravil cestu k obnovení našeho vztahu s ním i jeho původního záměru s naším životem, a sice že budeme spolu s Ježíšem vládnout nad celým stvořením. Bůh nám slibuje odpuštění viny skrze to, co vykonal jeho Syn, i novou přirozenost, která se řídí jeho zákonem a kterou v nás působí jeho Duch. Jak si teď ukážeme, právě v tomto rámci dává církevní kázeň smysl.

2

EVANGELIJNÍ RÁMEC PRO POROZUMĚNÍ KÁZNI

Dejme tomu, že by se hráč amerického fotbalu domluvil s několika kamarády, že si s nimi zahraje kopanou, a pak by uprostřed hry popadl míč a utíkal s ním pryč. Rozhodčí by nepochybně odpískal faul.

Hráč amerického fotbalu by se na něho možná nevěřícně zahleděl. Proč píská? Proč by to měl být faul? On přece udělal to, co vždycky – popadl míč a utíkal s ním.

V reakci na to bychom tomu hráči mohli vysvětlit, že při evropském fotbalu se nikdo kromě brankáře nesmí dotknout míče rukama. „Tak se vrať do hry a už tuhle chybu nedělej."

Nebo bychom mu mohli věnovat trochu víc času a vysvětlit mu, jak funguje fotbal jako takový. Z povahy věci je to hra pro nohy, ne pro ruce. Diváky na něm fascinuje právě to, jak trénovaní hráči dokážou ovládat míč úplně bez použití rukou. Ne bezdůvodně říkají tomuto sportu všechny národy kromě Američanů „fotbal" neboli „kopaná". Onen hráč amerického fotbalu neporušil jen tak nějaké pravidlo; porušil pravidlo, které definuje samotný smysl hry.

Podobně by bylo možné popsat dvojím způsobem i církevní kázeň. Buď by se dalo mluvit o upozornění na hřích, které je něco jako odpískání faulu v křesťanském životě. Nebo, což je lepší, se můžeme snažit porozumět aktu „odpískání" v širším rámci evangelia, církve a cílů křesťanského života. Když akt církevní kázně zasadíme do tohoto širšího teologického rámce (toho, čemu říkám „evangelijní rámec"), získáme větší schopnost moudře posoudit situaci, což budeme nezbytně potřebovat vzhledem k širokému spektru okolností, za kterých v církvi dochází k hříchu.

Za „faul" by se dalo označit třeba lhaní. Má se ale pokaždé, když některý člen zalže, angažovat celý sbor? Samozřejmě že ne. Velice záleží na všech možných okolnostech, za kterých dotyčný jednou nebo vícekrát zalhal. Jak závažné má jeho lež důsledky? Lpí na ní? Je to u něho vzorec chování?

Někde tady se nachází dělicí čára mezi lží, na kterou stojí za to upozornit v soukromí, a takovou, na niž stojí za to upozornit veřejně. Jak poznáme, že došlo k překročení této hranice? V tom spočívá praktická výzva, kterou s sebou nese církevní kázeň, a právě tady potřebujeme moudrost.

Vycházím z předpokladu, že když budou vedoucí církve chápat své úsilí o nápravu jako součást širšího evangelijního rámce, budou lépe vybaveni k tomu, aby dokázali posoudit, kde se ona dělicí čára nachází. Evangelium nám pomůže odhadnout, kdy promluvit a kdy mlčet, kdy jednat a kdy ne.

CO JE TO EVANGELIUM?

Stanovení evangelijního rámce pro církevní kázeň vyžaduje, abychom chápali (1) evangelium, (2) kdo je to křesťan, (3) co je to místní sbor církve a (4) co znamená členství v církvi.

Co je to evangelium? V předmluvě jsem se ho pokusil načrtnout. Dovolte, abych tento nástin jen trochu doplnil. Evangelium je dobrá zpráva, která přichází na konci dlouhého příběhu o tom, jak se lidstvo vzbouřilo proti Bohu a usedlo na trůn s cílem vládnout nad jeho světem. Bůh stvořil lidi k svému obrazu, aby při své vládě nad stvořením zastupovali jeho vládu a ztělesňovali jeho povahu. Vytvořil je ke své podobě, aby znázorňovali jeho podobu. Povolal je, aby vládli v poslušnosti jemu, aby se jejich vláda stejně jako ta jeho vyznačovala dobrotou, spravedlností, svatostí a láskou.

Lidstvo ale usoudilo, že je chytřejší než Bůh, a lidé si řekli, že si budou vládnout sami. Zkazili svou vlastní povahu a vysloužili si trest smrti. Příběh Izraele je prakticky stejný jako tento příběh o stvoření a pádu, jen ve větším měřítku. Skupina lidí dostala všechny výsady spojené s Božím zákonem a Boží přítomností, aby Boha zastupovali, ale lidé si místo toho dělali, co chtěli. A tak byli ze své země vyhnáni.

Dobrá zpráva, která přichází na konci tohoto smutného příběhu, spočívá v tom, že jeden z potomků Adama a Izraele dokáže to, co Adam ani Izrael nedokázali: povládne v poslušnosti Bohu a získá lid pro Boha. Ten, kdo byl pravým Božím obrazem, přišel jako člověk a založil království tím, že poslouchal svého nebeského Otce až do krajnosti. A nejenže založil království, ale také pro toto království získal lid tím, že položil vlastní život a zaplatil tak cenu hříchu, potom vstal z mrtvých a nastolil úplně nové stvoření.

Dobrá zpráva ve zkratce zní, že Ježíš Kristus získal spásu a vládu pro všechny, kdo se na něho spolehnou a budou ho následovat jako svého Pána. Spasení zahrnuje odpuštění hříchů, smíření s Bohem v Kristu, smíření s Kristovým lidem a nové srdce, v němž přebývá Duch svatý a které teď chce vládnout v poslušnosti Bohu s cílem zastupovat na zemi Ježíše.

KDO JE TO KŘESŤAN?

Kdo je to křesťan? Křesťana lze popsat několika různými způsoby. Pro začátek je to někdo, komu bylo odpuštěno a je sjednocený s Bohem prostřednictvím nové smlouvy v Kristově krvi. A je to také někdo, kdo dostal prostřednictvím Ducha svatého novou přirozenost (viz Deuteronomium 30,6–8; Jeremjáš 31; Ezechiel 36,24–27).

O křesťanovi by se toho ale dalo říct víc, než že má nové postavení a novou přirozenost. Křesťan má novou rodinu. Z povahy věci patří k Božímu lidu. Být smířen s Kristem svou podstatou znamená být smířen s Kristovým lidem (Efeským 3,6). Pavel na tuto souvislost poukazuje tím, jak spojuje první a druhou polovinu 2. kapitoly listu Efeským. Za prvé nám říká, že jsme byli spaseni milostí (Efeským 2,1–10). Za druhé mluví o zboření rozdělující hradby mezi Židy a pohany a o tom, jak díky tomu vznikl nový člověk (v. 11–22). Být adoptován matkou a otcem znamená dostat úplně nové sourozence. A stejné je to i s křesťanstvím. Ať si svou příslušnost k nové rodině uvědomujeme, nebo ne, naše adopce v Kristu znamená adopci do nové rodiny.

Křesťané tedy mají nové postavení, novou přirozenost, novou rodinu a nový popis práce. Křesťan je člověk, který teď zastupuje Krista, a tudíž i Boha. Přesně toto poselství s sebou nese křest a večeře Páně. Být pokřtěný znamená ztotožnit se se jménem Otce, Syna a Ducha svatého, a současně se také ztotožňovat s Kristovou smrtí a vzkříšením (Matouš 28,19; Římanům 6,4–5). Přijímat večeři Páně znamená hlásat Kristovu smrt a to, že patříme k jeho tělu (1. Korintským 11,26––29; viz také Matouš 26,26–29). Bůh si přeje, aby byl jeho lid známý a odlišený. Chce, aby existovala dělicí čára mezi jeho lidem a světem. Chce, abychom byli svatí, protože je sám svatý. Křesťané ho zastupují teď a tady. Dnes.

Jinými slovy, křesťan je někdo, kdo na zemi nosí Boží jméno, hlásá evangelium a je sjednocen s Božím lidem. Je to tedy v podstatě vyslanec – osoba, jejíž práce a identita jsou spolu nedílně spjaty. Vším, čím velvyslanec je, i vším, co říká, zastupuje svého krále. A totéž platí o křesťanech ve vztahu ke Kristu.

CO JE TO MÍSTNÍ SBOR CÍRKVE?

A co místní církev? Co to je? Místní sbor církve je něčím víc než pouhým shromážděním křesťanů. Deset křesťanů, kteří si spolu sednou v parku, netvoří církev. Ježíš svěřil křesťanům, kteří jsou shromážděni jako místní sbor, takovou pravomoc svého království, jakou nedal křesťanům jako jednotlivcům. Konkrétně svěřil místním sborům pravomoc používat klíče jeho království udílením nebo odmítnutím křtu a večeře Páně a odlišovat tak Boží lid od světa. Právě takovýto obraz získáváme ze 16., 18. a později z 28. kapitoly Matoušova evangelia. Ve Skutcích a epištolách se z tohoto obrazu stává něco, co připomíná film. Ježíš pověřuje místní církev, aby používala klíče od království, a to tak, že bude stát před člověkem vyznávajícím víru, posoudí jeho vyznání a život a pak jménem nebe vynese rozsudek. Je to správné vyznání? Je to opravdový vyznavač? Místní sbor se řídí příkladem Ježíšova rozhovoru s Petrem, při kterém Petr v odpovědi na jeho otázku prohlásil, že Ježíš je Kristus (Matouš 16,16–17). Konkrétně plní církev tento úkol prostřednictvím svátostí, které jsou ustanoveny v 26. a 28. kapitole Matoušova evangelia, totiž skrze večeři Páně a křest.[2]

---

[2] Podrobnější vysvětlení a obhajobu mého výkladu biblických pasáží a definic, které zde uvádím, je možné najít ve 3. kapitole mé knihy *Church Membership: How the World Knows Who Represents Jesus* (Wheaton, IL: Crossway, 2012). Ještě komplexnější obhajobu najdete ve 4. kapitole mé knihy *The Church and the Surprising Offense of God's Love: Reintroducing the Doctrines of Membership and Discipline* (Wheaton, IL: Crossway, 2010).

Jinými slovy, místní církev má nebem danou pravomoc prohlašovat, kdo je občanem nebeského království, a kdo tedy zastupuje Ježíšovo jméno na zemi. Ježíš nepověřil jednotlivce, aby se najednou rozhodli, že jsou křesťany, a pak se postavili před národy a vyhlašovali, že zastupují Ježíše. Lidé z Jeruzaléma se ptali Petra, co mají dělat, aby byli spaseni, a Petr jim odpověděl: „Učiňte pokání a každý z vás ať se dá pokřtít" (Skutky 2,38). Potřebovali oficiální potvrzení jeruzalémské církve.

Měli bychom pamatovat, že moc místní církve je deklarativní. Občanem Božího království církev nikoho *neudělá.* Má ale na starost vyhlašování, kdo patří do Kristova království a kdo ne. Církev je tedy něco jako velvyslanectví určitého národa. Když vám během cesty do zahraničí vyprší platnost pasu, musíte si na velvyslanectví své země zažádat o její prodloužení. Velvyslanectví má pravomoc, kterou vy jako jednotliví občané nemáte.

Církev je samozřejmě něčím víc než jen institucí s pravomocí zastupovat království. Je také „tělem", „rodinou", „stádem", „chrámem", „pilířem a oporou pravdy" atd. Nemůžeme však přehlížet skutečnost, že je zde na zemi také institucí, kterou ustanovil Ježíš a které svěřil pravomoc vyhlašovat, kdo je občanem či vyslancem jeho království.

Kdybychom chtěli definovat církev jako instituci, pak bychom mohli říct, že je to skupina křesťanů, kteří se pravidelně shromažďují v Kristově jménu, aby si prostřednictvím kázání evangelia a vysluhování svátostí navzájem oficiálně potvrzovali příslušnost k Ježíši Kristu a jeho království a aby na ni dohlíželi.

V tomto smyslu křesťan „nevstoupí" do církve jako do určitého klubu, ale podřizuje se jí. Církev nad ním nemá absolutní pravomoc, stejně jako ji nemá rodič nad dítětem. Kristus si však přeje, abychom se na základě své občanské příslušnosti k jeho království podřídili dohledu místního sboru.

Budou místní sbory používat klíče dokonale? Nikoliv. Budou se dopouštět chyb, stejně jako je dělá každá autorita, kterou Ježíš ustanovil. Místní církev je nedokonalým předobrazem Kristova shromáždění na konci věků. Avšak samotná skutečnost, že se církev stejně jako prezidenti nebo rodiče dopouští chyb, ještě neznamená, že nemá autoritativní mandát.

Z toho všeho by mělo být jasné, že jedním z hlavních úkolů církve je chránit Ježíšovo jméno.

CO JE TO ČLENSTVÍ V CÍRKVI?

Co je tedy členství v církvi? Je to prohlášení o občanství v Kristově království. Je to pas. Je to oznámení učiněné v tiskové kanceláři Kristova království. Je to prohlášení, že vyznávající jednotlivec je oficiálním, akreditovaným, řádným, nefalšovaným zástupcem Ježíše.

Když to vyjádříme konkrétněji, členství v církvi znamená formální vztah mezi místním sborem a křesťanem, který se vyznačuje tím, že církev potvrzuje křesťana v jeho postavení učedníka a dohlíží na ně, přičemž křesťan se podrobuje učednictví v péči církve.

Všimněte si přítomnosti několika prvků:

- Církev jako kolektiv formálně *potvrzuje* důvěryhodnost vyznání víry a křtu daného jedince.
- Církev slibuje, že na tohoto jedince bude *dohlížet* jako na učedníka.
- Daný jednotlivec se ve své roli učedníka formálně *podřizuje* službě a autoritě této skupiny a jejích vedoucích.

Církev jednotlivci říká: „Uznáváme platnost tvého vyznání víry, křtu a postavení učedníka. Proto veřejně *potvrzujeme* a prohlašujeme před národy, že patříš Kristu, a budeme ti poskytovat *dohled* našeho společenství." Jednotlivec církvi především říká: „Protože vás uznávám jako věrnou církev, která zvěstuje evangelium, podřizuji svou přítomnost a učednictví vaší lásce a dohledu."

Měřítka pro členství v církvi by neměla být ani vyšší, ani nižší než měřítka pro to, když je člověk křesťan, a to s jedinou výjimkou. Křesťan je někdo, kdo činil pokání a uvěřil; takového člověka by církev měla potvrdit jako člena. Jediným tradičním dodatečným požadavkem je křest. Členové církve musí být pokřtěni; tento vzorec je stejný v celém Novém zákoně. Petr řekl církvi v Jeruzalémě: „Učiňte pokání a každý z vás ať se dá pokřtít" (Skutky 2,38). A když Pavel píše církvi v Římě, prostě předpokládá, že všichni, kdo patří k římské církvi, jsou pokřtěni (Římanům 6,1–3).

Jinými slovy, členství v církvi nespočívá v „dodatečných požadavcích". Jde v něm o to, že sbor převezme za křesťana konkrétní zodpovědnost a křesťan ji převezme za církev. Jedná se o to, že své členství v Kristově obecné církvi „bereme na sebe", „vyjádříme", „začneme ho žít" a „dáme mu konkrétní podobu". Spojení tvořené místním sborem a jeho členy v určitém smyslu připomíná „ano", které si říkají snoubenci při svatbě, a z tohoto důvodu mluví někteří o členství ve sboru jako o „smlouvě".

Je pravda, že křesťané se musí pro členství ve sboru rozhodnout, ale to z církve nečiní dobrovolnou organizaci. Když se křesťan rozhodl pro Krista, nemá jinou možnost než se připojit k církvi.

KOMPLEXNĚJŠÍ POHLED NA CÍRKEVNÍ KÁZEŇ

Předcházející pojednání o evangeliu, křesťanovi, církvi a členství ve sboru nám dává rámec, v němž bychom měli chápat církevní kázeň. Dovolte, abych z tohoto pojednání vyvodil čtyři podstatné součásti, které poskytují důležité základní předpoklady pro církevní kázeň:

1. *Očekávání proměny.* Nová smlouva slibuje, že Kristovi lidé budou žít z moci Ducha proměněným životem. Změna sice někdy přichází pomalu, ale církev by tyto viditelné plody Boží milosti a působení jeho Ducha měla očekávat. Kázeň je správnou odpovědí na nepřítomnost

viditelných plodů, a tím spíše na přítomnost těch špatných.

2. *Dílo zastupování.* Křesťané mají být „malými Kristy", kteří na zemi zastupují Ježíše. Myšlenka zastupování vychází z představy, že Ježíš je nejen Spasitel, ale i Pán; staví tedy na skutečnosti, že křesťané dostávají nové postavení a také nový úkol. Kázeň je namístě, když křesťané nezastupují Ježíše a není na nich vidět, že by to chtěli dělat.

3. *Pravomoc místního sboru.* Ježíš svěřil místnímu sboru pravomoc v podobě klíčů svého království, aby oficiálně potvrzoval příslušnost k tomuto království a dohlížel nad jeho občany. Církev z lidí křesťany *nedělá*; to dělá Duch. Sbory církve však mají deklarativní pravomoc a zodpovědnost veřejně vyhlašovat před národy, kdo je křesťan a kdo není. Akt vyloučení ze sboru tedy nespočívá v tom, že by některému jednotlivci bylo fyzicky a s použitím násilí zabráněno účastnit se veřejných shromáždění, jako by snad církev podobně jako stát disponovala „mocí meče", díky níž by mohla fyzicky pohnout s něčím tělem. Spočívá spíše ve veřejném oznámení, že už nemůže dosvědčit něčí příslušnost k nebeskému království. Vyloučení je prohlášení sboru, že nemůže nadále potvrzovat, že daný jedinec je křesťan.

4. *Členství jako podřízené postavení.* Křesťané jsou povoláni k tomu, aby se v rámci své poslušnosti Kristu podřídili schvalování a dohledu ze strany místního sboru. Když tedy členovi hrozí, že bude podroben kázni, nemůže se tomu vyhnout jednoduše tím, že se svého členství vzdá. To by se podobalo situaci, kdy by někdo rezignoval na své státní občanství, aby nebyl soudně stíhán za trestnou činnost, ze které byl obviněn.

Když se na církevní kázeň díváme skrze tuto teologickou optiku, získáváme ucelenější představu. Nespočívá jen v nápravě hříchu a „odpískání faulu". Jedná se o nápravu hříchu s cílem zajistit, aby členové církve skutečně zastupovali Krista správným způsobem. Volá je k tomu, aby byli těmi, za koho se prohlašují.

Kázeň se tedy točí kolem otázky, kdo je na zemi oprávněn zastupovat nebe. Označovat se za křesťana znamená prohlašovat, že na to mám právo. Být členem církve znamená mít toto prohlášení formálně potvrzeno. Místní sbor, instituce držící Ježíšovy klíče, se zaručuje za důvěryhodnost křesťanova vyznání prostřednictvím křtu a večeře Páně. Církevní kázeň vstupuje do hry v situaci, kdy je tato důvěryhodnost zpochybněna. Je motivována jedinou otázkou: věří církev i nadále, že chybující člen je skutečně křesťan, a to do té míry, že je ochotna to veřejně prohlašovat?

Stručně řečeno, celá církevní kázeň se týká Ježíšovy pověsti na zemi. V sázce je skutečně mnoho.

3

KDY JE KÁZEŇ NUTNÁ?

Učedník v křesťanském smyslu je někdo, kdo následuje Ježíše Krista. Učednictví v rámci místního sboru spočívá v tom, že si jeho členové navzájem pomáhají následovat Ježíše. Dělají to skrze formování a napravování. Učí dobré věci a snaží se napravovat ty špatné. Povzbuzují se navzájem k tomu, aby šli správnou cestou, a pomáhají jedni druhým odvrátit se od té špatné.

Na tomto základě by nám mělo dávat smysl, že křesťané potřebují, aby je někdo vedl k nápravě. Jednou ze základních vlastností křesťana je ochota uznat, že jsme omezení a poznamenaní pádem lidstva do hříchu. Jsme náchylní k nevědomosti i k sebeklamu. Proto potřebujeme ostatní věřící, aby nám pomohli poznat, když sejdeme z cesty učednictví.

Vzpomínám si, jak jsem si jednou povídal s jiným starším z našeho sboru o svém daňovém přiznání a jak Jamie během tohoto rozhovoru zmínil, že bychom s manželkou měli platit daň z peněz, které dostáváme od člověka, který u nás bydlí v suterénu. Ve chvíli, kdy Jamie pronesl slova „příjem z pronájmu", mi probleskla hlavou myšlenka: „Počkej, ‚příjem z pronájmu'? Takže z těch šeků za pronájem bych měl platit daně, že jo?" V podstatě jsem okrádal vládu Spojených států a vůbec jsem to netušil. Sešel jsem z cesty učednictví a nezastupoval jsem Ježíše, který říkal, že bychom měli císaři platit daně. Proto jsem jako křesťan neměl jinou možnost než revidovat loňské daňové přiznání a zbytek daní doplatit.

Když jako křesťané uznáváme, že jsme omezení a hříšní, můžeme také přiznat, že je spousta oblastí, v nichž náš život není v souladu s Ježíšem. Řešení spočívá v tom, že začneme svůj život otvírat před jinými členy církve. Mohou nám pomoci vidět to, co nedokážeme okamžitě rozeznat sami.

A přesně v tomhle spočívá kázeň, totiž v tom, že si navzájem pomáháme růst do Kristovy podoby upozorňováním na hřích. Nevím, jestli se mě Jamie pokoušel „káznit", ale naštěstí přesně tohle dělal.

Kdy bychom řekli, že je sborová kázeň opravdu nutná? V širším smyslu všude tam, kde se učedník svým hříchem odvrátí od Kristovy cesty. Je nezbytná pokaždé, když se vytvoří mezera mezi křesťanovým vyznáním víry a životem a takzvaný Ježíšův zástupce přestane Ježíše zastupovat.

Většinou mívá kázeň neformální podobu a odehrává se v soukromí. Bratr nebo sestra v Kristu zhřeší, a jiný bratr nebo sestra ho na to s láskou nenápadně upozorní.

Občas má tento proces formální a veřejnou podobu a právě to mají lidé nejčastěji na mysli, když mluví o „církevní kázni", a rozhodně se to týká také vyloučení ze sboru. Formální sborová kázeň je patřičný postup v situaci, kdy se pro určitého člena z nedostatečného zastupování Ježíše stane zvyk, a je to pro něj tak typické, že sbor už nevěří, že by byl opravdu křesťan. Pak musí církev stáhnout své potvrzení jeho vyznání víry. V tom spočívá ten „evangelijní rámec", na jehož základě přistupujeme ke kázni a který jsme rozebírali v minulé kapitole. Není motivován seznamem hříchů, které člověka diskvalifikují z členství. Je motivován jedinou otázkou: Může církev vyznání víry tohoto člověka nadále veřejně potvrzovat jako důvěryhodné?

Na základě tohoto rámce si pak můžeme říct něco konkrétnějšího o tom, kdy je církevní kázeň nezbytná.

HŘÍCHY, KTERÉ OČEKÁVÁME, A HŘÍCHY, KTERÉ NEČEKÁME

Před chvílí jsem naznačil, že existuje dělicí čára mezi hříchy, na něž je možné upozornit v soukromí, a hříchy, které vyžadují, aby se angažovalo celé společenství. Uvedu ještě paralelní postřeh: někde se vyskytuje dělicí čára mezi hříchy, které od křesťanů čekáme, a hříchy, které v nás vzbuzují dojem, že dotyčný možná vůbec není křesťan. Neformální a soukromé kázeňské rozhovory se samozřejmě odehrávají na obou stranách této hranice. Obecně lze však říct, že situace, kdy jedinec překročí hranici mezi první a druhou oblastí, opravňuje církev k uplatnění formální sborové kázně neboli k vyloučení.

Existuje například rozdíl mezi obyčejnou lží, ze které člověk činí pokání, a lží, na které si postaví život a odmítá se jí vzdát. Porovnejte například následující lži dvou vyznávajících křesťanů: Jeden bude tvrdit, že dostal nabídku prestižního zaměstnání, kterou nikdy nedostal, a později přizná, že lhal. Ten druhý si na falešném tvrzení vybuduje celou kariéru, a když bude konfrontován, bude trvat na svých výmyslech. Ta první lež patří k hříchům, které (přestože bychom si přáli, aby to tak nebylo) můžeme od křesťanů čekat. Věřícímu v hlavě občas vyskočí „starý člověk", jak by řekl Pavel, a snaží se ovládnout „nového člověka", jenže ten nový se brání. Ta druhá lež však *není* něco, co bychom čekali od člověka, ve kterém přebývá Duch svatý. Nevidíme u něj žádnou známku zápasu mezi starým a novým člověkem. Je tu jen ten starý.

Obecně platí, že křesťané, v nichž přebývá Duch svatý, nemohou dlouho zůstávat v hříchu, o kterém ví. Nakonec se začnou díky laskavému působení Ducha svatého cítit tak nepříjemně, že udělají, co je správné.

Formální církevní kázeň je oprávněná v případě, kdy si jednotlivec podle všeho spokojeně žije v hříchu, který je mu známý. Kromě nepříjemných pocitů z možného přistižení na něm není vidět žádný důkaz toho, že by v něm Duch svatý působil znepokojení. Naopak se dá říct, že poslušnost hříšným touhám je pro něj *typická*.

Veškerý hřích je špatný. Každý hřích staví Ježíše do špatného světla. Některé hříchy nebo hříšné vzorce chování však budou u celého sboru vyvolávat ztrátu důvěry ve vyznání víry daného člověka. V určité chvíli přestane působit důvěryhodně. Tento člen církve sice může tvrdit, že „činí pokání", že „je na tom docela dobře" nebo že jeho neposlušnost „není *až tak špatná*", ale církev už těmto řečem z určitého důvodu nebude schopna věřit. Život, který se za nimi skrývá, je totiž příliš rozporuplný. Církev tedy stáhne veřejnou podporu svého člena tím, že mu zamezí přístup k večeři Páně. Odejme mu jeho „pas" a oznámí, že nemůže dál potvrzovat jeho občanství v nebeském království.

PASTORAČNÍ CITLIVOST A OHLED NA SITUACI

Když se na církevní kázeň díváme z pohledu evangelijního rámce, který nestaví na seznamu hříchů, ale na otázce, zda je sbor schopen dál potvrzovat vyznání víry daného člena, poskytuje nám to větší volnost pro pastorační citlivost a zohlednění situace. Při stanovení, zda jde o hřích, se vždy řídíme Písmem, ale rozhodování, které hříchy vyžadují kázeňská opatření a v jaké míře, vyžaduje pastorační péči.

Dva lidé se mohou dopustit téhož hříchu. Kazatel i sbor však při rozhodování o tom, co z něho mají vyvodit, budou brát v potaz celou řadu okolností. Snaha vyhnout se placení daní je v případě účetního větší problém než u jiných, kteří se mohou z nevědomosti dopustit stejné věci, protože účetní přesně ví, co dělá, a dělá to záměrně. Nesezdaný pár, který se dopustí smilstva popáté, si kázeňské opatření nejspíš vyslouží spíš než pár, který se ho dopustí poprvé. A obecně platí, že u těch, kdo se křesťany stali teprve nedávno, lze klopýtnutí do závažného hříchu očekávat častěji než u zkušeného věřícího.

Ať se to zdá jakkoliv subjektivní, do toho, co budeme od křesťanů *čekat, se promítnou různé situační faktory.*

Očekávání tu hraje roli, protože žijeme v období, kdy se současný věk prolíná s budoucím. V tomto věku budou, slovy Martina Luthera, křesťané současně hříšní a ospravedlnění. *Očekáváme*, že nový člověk bude s tím starým svádět boje, a uvědomujeme si, že různé okolnosti (jako třeba stáří ve víře nebo rozsah vyučování, jakého se věřícímu dostalo) dost možná ovlivní, zda v určité situaci získá převahu nový člověk, nebo ten starý. Vzhledem k těmto skutečnostem se církevní kázeň nikdy nebude týkat jen otázky: „O jaký hřích se jedná?", jako bychom snad měli k dispozici stupnici vah, která by nám umožnila rozhodnout, zda si daný hřích vysloužil kázeňské opatření. Spíše bychom měli hřích zvažovat na určitých vahách tak, že na jednu stranu položíme hřích a na druhou pokání, a to nejen pokání z daného hříchu, ale celkový postoj v životě daného člověka. Hodnocení, zda se jedná o případ vyžadující kázeňský postup, vždy spočívá v posouzení dynamiky mezi celkovým vyznávaným pokáním daného člověka a hříchy, které svědčí proti tomuto vyznání a uvádějí je v pochybnost.

V tomto smyslu je poučný Ježíšův požadavek, aby danou věc nejprve potvrdili dva nebo tři svědkové, než ji předneseme sboru (Matouš 18,16). Z oddílu z 19. kapitoly Deuteronomia, který Ježíš citoval, je patrné Boží přání, aby v trestním stíhání Izraelci postupovali s velkou pečlivostí a zajistili, že bude spravedlivé. Stejně tak Ježíš chtěl, aby vedoucí a členové církve každou záležitost pečlivě posoudili. Měli brát v úvahu důkazy, různé stránky příběhu a polehčující okolnosti. Při posuzování se nemá postupovat ukvapeně. Křesťané mají postupovat pomalu, s rozmyslem a laskavě.

Kritérium, podle kterého by ti dva či tři svědkové (případně celý sbor) měli posuzovat hřích nebo hříšný vzorec chování, je prosté: Dochází opakovaně k tomu, že daná osoba odmítá činit pokání, takže její vyznání víry přestává být uvěřitelné a už ho nelze potvrzovat? Jinými slovy, drží se svého hříchu tak křečovitě, že tím vyvrací veškerá svá tvrzení, že je věřící?

Současně by církev měla vzít v úvahu celou řadu dalších situačních prvků:

- Jak dlouho je daný člen křesťanem?
- Jakého vyučování se mu dostalo?
- Přiznává hříšník, že jeho jednání bylo špatné?
- Vzbuzuje dojem, že ho jeho hřích upřímně trápí, nebo v jeho vyznání zaznívá podtón podrážděnosti?
- Přiznal se rychle, nebo z něho bylo nutné informace tahat?
- Svěřil se hned se všemi hříchy, nebo jsme je z něho museli vytahovat postupně?
- Je pravděpodobné, že ještě určité informace skrývá?
- Jedná se o vzorec? Je to typická věc?
- Vítá upozornění na problém?
- Vítá rady, jak s hříchem bojovat, nebo je odmítá s přesvědčením, že sám nejlépe ví, jak se s ním vypořádat?

- Když s ním o jeho hříchu hovoříme, budí dojem, že stojí na naší straně proti hříchu, nebo zaujímá obranný postoj? Jinými slovy, říká: „Máš naprostou pravdu. Je to hrozné. Co mám dělat?", nebo naopak: „Jo, jasně. Dobře. Uvidíme."
- Nevyskytují se v jeho osobní minulosti nebo v jeho rodině faktory, v jejichž důsledku by sice daný hřích nebyl o nic méně špatný, ale zato pravděpodobnější?
- Nepřivedli ho k tomuto hříchu lidé, ke kterým důvodně choval důvěru?

Odpověď na žádnou z těchto otázek nemusí nutně posunout rozhodnutí církve nebo jejích vedoucích ani v jednom z uvedených směrů. Je však možné (a často se to stává), že spojení mnoha těchto faktorů bude mít vliv na to, zda budeme někoho považovat za křesťana, i když hřeší.

VIDITELNÉ, ZÁVAŽNÉ A BEZ POKÁNÍ

To, že Ježíš citoval Deuteronomium 19 a Pavel Korintským říkal, že mají „soudit" a „rozsuzovat" (1. Korintským 5,12; 6,2–5), je pro nás poučením přinejmenším ve dvou ohledech. Za prvé si Ježíš skutečně přeje, aby církve vykonávaly soud způsobem, který jsme popsali, přestože na jiném místě (Matouš 7,1–2) zakazuje soud ve stylu samospravedlivé osobní odplaty, a to mezi křesťany i jinde.

Za druhé postup soudu v církvi (stejně jako v soudní síni) závisí na tom, co mohou lidé vidět na vlastní oči a slyšet na vlastní uši. Bůh nedal křesťanům rentgenové oči, jimiž by mohli vidět do srdce druhého člověka. Dal jim jako všem lidským bytostem oči, uši a mozek, které mohou použít k posuzování a hodnocení ovoce něčího života (1. Korintským 5,12; viz Matouš 7,16–20; 12,33; 21,43). Nekřesťané rozhodně používají své oči, uši a mozek k tomu, aby pozorovali život křesťanů a hodnotili ho, a křesťané by měli dělat totéž. Patří to k ochraně Ježíšova jména, nemluvě o lásce k hříšníkovi, k nevěřícím přihlížejícím a k církvi.

Ježíš dává církvi pravomoc učinit *veřejné* prohlášení přesně na základě *veřejného* a navenek pozorovatelného ovoce lidských životů.

Jinými slovy, o tom, u jakých hříchů by měl sbor uplatnit kázeň, si podle mého názoru můžeme říct trochu víc než jen: „Když hřích překročí hranici mezi hříchy, které od křesťanů čekáme, a těmi, které od nich nečekáme." Je užitečné stanovit určité minimální měřítko, i když teoreticky není úplně spolehlivé. K formálnímu kázeňskému postupu je vhodné přistoupit u hříchů, které jsou *viditelné*, *závažné* a *bez pokání*. Za prvé musí mít hřích *viditelný vnější projev*. Sbory by neměly vyhrožovat vyloučením při každém podezření, že se v něčím srdci skrývá žádostivost nebo pýcha. Musí se jednat o věc, kterou je možné na vlastní oči vidět a na vlastní uši slyšet.

Za druhé se musí jednat o *závažný* hřích. Církev ani její vedoucí by neměli uplatňovat krajní postup u každého hříchu. Je třeba, aby v církvi existoval určitý prostor pro lásku, která „přikrývá množství hříchů" (1. Petrův 4,8). Bůh naštěstí nepřistupuje k výchovnému trestu pokaždé, když zhřešíme.

A konečně se musí jednat o hřích, z něhož dotyčný *nečiní pokání*. Daný člověk byl konfrontován s Božím příkazem v Písmu, ale odmítá se svého hříchu vzdát. Všechno svědčí pro to, že si tohoto hříchu cení víc než Ježíše.

Než sbor přistoupí k vyloučení, měly by být ve větší či menší míře přítomny všechny tyto tři faktory.

PROČ VIDÍME U PAVLA JINÝ PŘÍSTUP NEŽ U JEŽÍŠE?

Je zde ještě jeden zamotaný problém, nad kterým se u otázky, *kdy* uplatnit kázeň, musíme zamyslet. Jedná se o malý oblázek, který může, když si nedáme pozor, spustit celou lavinu zmatku. Je to otázka, proč se Pavlův přístup v 1. Korintským 5 podle všeho liší od Ježíšova přístupu v 18. kapitole Matoušova evangelia.

Jak si vzpomeneme, v 5. kapitole 1. Korintským Pavel sbor napomíná: „Skutečně je slyšet o smilstvu mezi vámi, a to o takovém smilstvu, jaké není ani mezi pohany, že totiž někdo má ženu svého otce" (v. 1). Neříká sboru, že toho člověka mají varovat, aby zjistili, zda je ochoten nechat se přivést k pokání. Prostě říká, aby ho odstranili ze svého středu (v. 2). Není zde řeč o žádném zkoumání výsledků pokání ani o rozhovoru mezi tímto mužem a staršími. Mluví se jen o okamžitém činu: „Odstraňte toho zlého ze svého středu!" (v. 13). Ježíš na druhou stranu sborům doporučuje, aby na cestě k vyloučení nejprve nabídly několik varování, přičemž každé varování bude moci posloužit jako sjezd z dálnice celého procesu.

Můžeme být v pokušení vysvětlit si tyto rozdílné přístupy tvrzením, že Ježíš a Pavel měli na mysli různé druhy hříchů, z čehož vyplývá, že bychom měli jeden nebo druhý přístup uplatňovat podle toho, o jaký hřích se jedná. Ježíš používá příklad běžného hříchu v mezilidském vztahu, zatímco Pavel mluví o hříchu těžkého kalibru. První přístup bychom tedy měli uplatnit u méně závažných případů a ten druhý u závažnějších. Tímto směrem se vydali někteří autoři, kteří na téma církevní kázně psali v 18. a 19. století. Na incidentu z 1. Korintským 5 si povšimli dvou věcí: za prvé hřích vyvolával veřejné pohoršení („jaké není ani mezi pohany") a za druhé Pavlovo volání po bezprostředním vyloučení – bez předchozího varování – naznačuje, že mu z krátkodobého hlediska nešlo o to, zda dotyčný bude činit pokání, a to opět v důsledku skandální povahy daného hříchu. Ježíšova pověst má větší váhu, a církev tedy musela jednat tak, aby chránila Kristovu pověst, i kdyby dotyčný činil pokání.

Jak by mělo jasně vyplývat z celého rámce mého přístupu k církevní kázni, se zájmem o Kristovu pověst rozhodně sympatizuji. Toto historické vysvětlení mě však nepřesvědčuje z několika důvodů. Především by pak rozhodnutí o tom, zda někoho vyloučit, bylo závislé na světských měřítkách, která nejsou svatá a navíc se neustále mění. Věc, která v jedné společnosti vyvolává pobouření, může být v jiné společnosti vnímána jako záslužná (stačí si vzpomenout na potraty a homosexuální praxi). Je také třeba vzít v potaz, že by to znamenalo předat lidi, kteří činí pokání, pod Satanovu vládu. Nebylo by to nespravedlivé ke křesťanovi a nečestné ke světu? Církev by neměla vylučovat lidi, které považuje za křesťany. Takové jednání by bylo v podstatě zákonické, protože kritériem pro členství v církvi by nebylo „pokání a víra", ale „pokání, víra a to, že se člověk nikdy nedopustí hříchu typu x".

Pavlův přístup v 1. Korintským pro nás rozhodně otvírá únikový východ, který v 18. kapitole Matoušova evangelia není jasně patrný, totiž únikový východ v podobě okamžitého vyloučení. A skutečně tento východ nejčastěji použijeme v případě „opravdu velkých" hříchů. Musíme však mít na paměti, že bychom se neměli soustředit pouze na „závažnost" hříchu. Nezapomeňte, že rozhodnutí, zda přistoupit k vyloučení, by mělo vždy vycházet z posouzení dynamiky mezi daným hříchem a celkovým vyznávaným postojem pokání u dotyčného člověka. Nepotřebujeme stupnici pro hodnocení hříchu, ale škálu pro hodnocení poměru váhy hříchu a pokání. Křesťané, kteří činí pokání, koneckonců hřeší. Otázkou vždy bude, proč by měl *právě tento* hřích převážit nad předpokládaným konkrétním i obecným postojem pokání. Nalezení odpovědi na tuto otázku vždy vyžaduje, abychom se podívali na obě strany vah s pastorační citlivostí a s ohledem na situaci.

Jaká jsou tedy kritéria pro okamžité vyloučení? Odpověď nám pomůže najít, když důkladněji prozkoumáme 5. a 6. kapitolu 1. Korintským. Zamyslete se nad následujícími texty:

5,1–2 Skutečně je slyšet o smilstvu mezi vámi, a to o takovém smilstvu, jaké není ani mezi pohany, že totiž někdo má ženu svého otce. A vy jste nadutí, místo abyste raději byli zarmouceni.

5,4–5 ... ve jménu našeho Pána Ježíše Krista — až se shromáždíte..., vydejte takového člověka Satanu k záhubě těla.

5,9–11 Napsal jsem vám v dopise, abyste se nesměšovali se smilníky; nemíním však všeobecně se smilníky tohoto světa nebo s chamtivci, lupiči a modláři, neboť to byste museli z tohoto světa vyjít. Napsal jsem vám však, abyste se nesměšovali s tím, kdo si říká bratr, a přitom je smilník nebo chamtivec nebo modlář nebo utrhač nebo opilec nebo lupič; s takovým ani nejezte.

5,12 Nesoudíte snad vy ty, kdo jsou uvnitř?

5,13 Odstraňte toho zlého ze svého středu!

6,9–11 Což nevíte, že nespravedliví nedostanou do dědictví Boží království? Nemylte se! Ani smilníci ani modláři, cizoložníci, rozkošníci ani lidé praktikující homosexualitu, zloději ani chamtivci, opilci, utrhači ani lupiči nebudou dědici Božího království. Takoví jste někteří byli. Ale dali jste se omýt, byli jste posvěceni,

byli jste ospravedlněni ve jménu našeho Pána
Ježíše Krista a v Duchu našeho Boha.

Hřích, o kterém je řeč v 1. verši 5. kapitoly, skutečně
může působit „veřejné pohoršení" nebo být „opravdu
špatný", ale o to tady nejde. Pavel v těchto textech spíše
rozlišuje dvě kategorie lidí – ty, pro něž je pokání cha-
rakteristické, a ty, pro které není. Ti, pro které je, patří
do církve, a ti, pro které není, do ní nepatří, protože
nedostanou do dědictví Boží království.

Možná to snáze uvidíme, když si uvedené texty
projdeme od konce. Poslední z nich jasně ukazuje uve-
dené kategorie: jednak jsou tu „nespravedliví", kteří
nedostanou do dědictví Boží království, a jednak je tu
církev, tvořená proměněnými jednotlivci: „Takoví jste
někteří byli." Na straně nespravedlivých Pavel neuvádí jen
určité hříchy, ale mluví o nich jako o lidech, které tyto
hříchy definují: Nepoužívá přídavná, nýbrž podstatná jmé-
na: „smilníci", „chamtivci", „modláři", „utrhači", „opilci"
a „lupiči" (1. Korintským 6,9–11). Zmíněné hříchy tyto
lidi charakterizují. Přesně tohle jsou. Stejné ztotožnění
osoby s jejím hříchem vidíme v posledním verši 5. kapi-
toly: „Odstraňte toho zlého ze svého středu!" (5,13). Ten
muž je „zlý". Takový člověk, jak říká předcházející verš,
nepatří do církve (5,12).

Není těžké si všimnout, že Pavel skutečně chtěl spojit
seznamy z 5. a 6. kapitoly, když v nich dokonce uvádí
stejné druhy hříšníků, a to smilníky, chamtivce, modláře,
utrhače, opilce a lupiče (5,9–11). (Neměli bychom však

předpokládat, že se jedná o úplný seznam. 6. kapitola dokonce dodává pár dalších kategorií. Jde spíše o seznam typických projevů.) Opět je řeč o tom, že církev nesmí sdílet společenství s lidmi, pro které je typická neochota činit pokání: „Napsal jsem vám v dopise, abyste se nesměšovali se smilníky" (v. 9).

A přesně tohle platí o muži z 5. kapitoly: vyznačuje se neochotou činit pokání. Je nutné ho vydat Satanovi k záhubě těla, protože tělo má v jeho životě dál převahu (5,5). Církev jeho jednání neodsuzovala, nýbrž schvalovala (5,2). Rozhodně je to však smilník – sexuálně nemravný člověk (5,1).

Stručně řečeno, Pavlovým záměrem je vyloučení tohoto muže pro jeho charakteristickou neochotu činit pokání. Známky, které lze na jeho chování pozorovat v současné době, svědčí o tom, že nedostane do dědictví Boží království, a církev ho proto teď musí vyloučit, aby jeho duše mohla být varována a zachráněna. Měl Pavel o tomto člověku víc informací než my? Možná. Není nám úplně jasné, jak Pavel ke svému závěru ohledně daného jedince dospěl, ale přesto je zřejmé, že došel právě k tomuto závěru: totiž že dotyčný není křesťan. Považuje ho za „zlého" (5,13) a řadí ho mezi „nespravedlivé" (6,9).

Po vysvětlení této skutečnosti by měl být rozdíl mezi Ježíšovým přístupem v 18. kapitole Matoušova evangelia a Pavlovým přístupem v 1. Korintským 5 zřejmější. Pavel vychází víceméně z bodu, do kterého postup nastíněný Ježíšem dospěl. Už totiž vychází z předpokladu, že tu jde o zatvrzelou neochotu činit pokání. Účelem Ježíšova postupu je stanovit, zda se u daného člověka skutečně jedná o zatvrzelou neochotu činit pokání – tedy o snahu zjistit něco, co Pavel považuje za jasný fakt.

Další rozdíl mezi uvedenými oddíly spočívá v tom, do jaké míry jsou informace rozšířené a nakolik se v této věci lidé shodnou. V 18. kapitole Matoušova evangelia se jeden člověk domnívá, že se jedná o hřích, ale pak potřebuje dva nebo tři další, aby mu to potvrdili. Poté potřebuje souhlas celého sboru. V 5. kapitole 1. listu Korintským naopak celá církev ví, co se děje. Opět platí, že celá věc začíná víceméně tam, kde Matouš 18 končí.

Sbory by tedy neměly u běžných hříchů postupovat podle vzoru z Matouše 18 a u těch opravdu velkých používat vzor z 1. Korintským 5. Spíše by se měly dívat na obě strany vah poměru hříchu a pokání. I tehdy, když se hřích zdá velký, potřebuje církev zjistit, zda se skutečně jedná o neochotu činit pokání, která je pro daného člověka charakteristická. A ve chvíli, kdy je hřích odhalen, o tom ještě nemusí být sbor přesvědčený. Jeho členové budou mít možná dojem, že je zapotřebí dalších rozhovorů, a budou chtít nabídnout výzvu nebo varování.

Není těžké si představit situaci, kdy se někdo dopustí některého hříchu uvedeného v 1. Korintským 5 nebo 6, ale sbor se právem rozhodne uplatnit postup z 18. kapitoly Matoušova evangelia. Představte si například, že by se někdo z vašeho sboru dopustil jednou nebo dokonce vícekrát opilství či různých projevů sexuální nemravnosti. Podle mě je to v některých případech příležitost k sérii varování, jakou vidíme v 18. kapitole Matoušova evangelia, než přistoupíme k vyloučení.

Jak si tedy vysvětlit Pavlovu poznámku o chování, které „není ani mezi pohany"? Není sporu o tom, že uvedený hřích vyvolával veřejné pohoršení. Mně však Pavlova slova připadají jako výkřik, který má zapůsobit jako morální políček, jímž Korintské probudí. Korintští nevidí něco, co by jasně vidět měli. Pavlova slova neznějí jako pojednání teologa, který se snaží vymezit úplně odlišnou kategorii hříchu, jež by měla úplně změnit náhled na veškerá pravidla členství v církvi a vylučování ze sboru. V takovém případě bych čekal něco víc než letmou poznámku.

ZNEPLATNĚNÉ VYZNÁNÍ

Uvedu ještě jeden úhel pohledu na 1. Korintským 5. Nepochybně se najdou hříchy, které jsou natolik předem promyšlené (jako dlouhodobý vzorec zneužívání nebo vražda) či odporné (jako sexuální útoky nebo vydírání), že jakákoliv rychlá omluva působí neuvěřitelně. Nejde o to, že by takové hříchy nebylo možné odpustit nebo že by dotyčný nemohl činit okamžité pokání. Než však bude církev schopna zodpovědně vyhlásit odpuštění, je třeba, aby uplynula určitá doba a projevilo se ovoce pokání (viz příklad ve Skutcích 8,17–24). Církev nemůže zodpovědně uvěřit slovům člena, který až dosud vědomě žil v navyklém hříchu. Skoro by se dalo říct, že povaha určitých hříchů církvi znemožňuje potvrzovat u daného člověka pokání jako jeho celkový postoj, a tak sbor nemá na vybranou a musí na čas své potvrzení stáhnout. Hřích zatížil misku vah a stáhl ji úplně dolů, takže to misku pokání zvedá úplně nahoru. Všechny pozitivní důkazy jsou okamžitě zpochybněny, protože hřích v sobě zahrnuje tak vysokou míru klamu. Existují určité hříchy, které bychom od křesťana skutečně nečekali. A když se jich někdo dopustí, znamená to, že nejspíš není křesťan, nebo přinejmenším, že by k němu sbor jako ke křesťanovi neměl přistupovat, dokud si dotyčný znovu nezíská důvěru. Pavel možná člověka, který spal s manželkou svého otce, vnímal právě takto.

Před lety jsem se pravidelně setkával s jistým mladým mužem, který byl, jak jsem se dozvěděl, letos zatčen pro hanebnou trestnou činnost. Dokonce se ta věc dostala do místních zpráv. Tajně se v této činnosti angažoval více než rok, a současně sloužil ve svém sboru. Když se sbor po jeho zatčení o tomto hříchu dozvěděl, promptně ho vyloučil. Ten muž plakal a prohlašoval, že toho lituje, ale protože předtím žil tak bizarním dvojím životem, církev nemohla jeho tvrzení o pokání věřit, přinejmenším po určitou dobu. Sbor se rozhodl prověřit si jeho pokání nikoliv před aktem vyloučení, ale po něm. Věřím, že tento postup byl správný. Jednání toho muže představovalo hrozbu jak pro jiné Boží ovce, tak pro Kristovo svědectví v tomto světě, a tím se celá situace jevila ještě naléhavější. Sbor měl právo uplatnit u tohoto muže kázeň bezprostředně, protože „nespravedliví nedostanou do dědictví Boží království" (1. Korintským 6,9).

V konečném důsledku se domnívám, že ze spojení 18. kapitoly Matoušova evangelia a 1. Korintským 5 vyplývá, že by sbor předtím, než se rozhodne jednat, měl dospět k jednomu z následujících tří závěrů:

- Když sbor dojde k přesvědčení, že dotyčný činí upřímné pokání, neměl by uplatnit žádnou formu kázně (a nenapadá mě ani jediná výjimka z tohoto pravidla).
- Když sbor usoudí, že neochota činit pokání je pro dotyčného charakteristická (a nejedná se jen o dočasnou záležitost), měl by přikročit k vyloučení.
- Když se jedná o hřích, který je ze své podstaty natolik předem promyšlený, odporný a ukazuje na tak hluboce zakořeněné pokrytectví, že sboru neumožňuje věřit upřímnosti ústy vyznávaného pokání (přinejmenším dokud neuplyne nějaký čas a dotyčný si opětovně nezíská důvěru), měl by sbor přikročit k vyloučení a upřímnost pokání si ověřit následně.

ČISTOTA NEBOLI CHUDOBA DUCHA

Je-li církevní kázeň namístě pokaždé, když Ježíšův zástupce přestane zastupovat Ježíše, měly by sbory očekávat morální dokonalost?

Ježíš v určitém smyslu hlásá právě tento standard. V 5. kapitole Matoušova evangelia nám říká, že spravedlnost křesťanů musí převyšovat spravedlnost farizeů, jinak se člověk nedostane do Božího království (Matouš 5,20).

Později v této kapitole říká, že křesťané musí být dokonalí, jako je dokonalý jejich nebeský Otec (v. 48). Církve by se opravdu měly snažit zastupovat Ježíšovu dokonalost! Ježíš je však hluboce realistický a chápavý, a právě proto začíná tato kapitola oblíbenými blahoslavenstvími:

> Blahoslavení chudí duchem, neboť jejich je království Nebes.
> Blahoslavení plačící, neboť oni budou potěšeni.
> Blahoslavení tiší, neboť oni dostanou zemi do dědictví.
> Blahoslavení ti, kdo hladovějí a žízní po spravedlnosti, neboť oni budou nasyceni.
> Blahoslavení milosrdní, neboť oni dojdou milosrdenství.
> Blahoslavení čistého srdce, neboť oni uvidí Boha.
> Blahoslavení ti, kdo působí pokoj, neboť oni budou nazváni Božími syny.
> Blahoslavení ti, kdo jsou pronásledováni pro spravedlnost, neboť jejich je království Nebes.
> (Matouš 5,3–10)

Kdo na zemi zastupuje Boží království? Kdo uvidí Boha a bude nazýván Božím synem? V určitém smyslu ti, kdo (jak to obecně u synů bývá) vypadají a jednají jako jejich nebeský Otec. Jak Bůh Otec, tak Bůh Syn jsou milosrdní, mají čisté srdce a činí pokoj. A Bůh Syn byl rozhodně pronásledován pro spravedlnost. I církve by tedy měly oceňovat syny, o kterých tohle všechno platí.

V hříšném světě jsou však Božími syny i ti, kdo uznávají svou duchovní chudobu a hladovějí a žízní po spravedlnosti, které se jim nedostává. Sbory by tedy nikdy neměly být překvapené, když jejich členové, kteří zastupují Ježíše, zhřeší. Měly by však projevovat hluboký zájem o to, jak tito členové na svůj hřích zareagují. Zarmoutil je? Vzbudil v nich hlad a žízeň po spravedlnosti?

Jinými slovy, o skutečných zástupcích Ježíše bude platit dvojí: stále větší čistota a současně stále větší chudoba ducha uprostřed přetrvávající nečistoty (viz také 2. Korintským 7,11). Při používání klíčů království musí sbory církve hledat obojí.

Jednou jsem požádal svého bývalého pastora o radu ohledně přítele, který podnikal kroky k navázání cizoložného poměru. (Naštěstí se tento vývoj zastavil, než svůj plán uskutečnil.) Rada mého kazatele zněla takto: „Není divu, že je ten člověk pokoušen k hříchu. Skutečnou otázkou je, jak zareaguje na tvoje napomenutí. Právě jeho reakce na upozornění na problém ukáže, kde doopravdy leží jeho srdce.“

4

JAK MÁ CÍRKEV UPLATŇOVAT KÁZEŇ?

Formální církevní kázeň nejlépe funguje ve sborové atmosféře, kde je vítána a uplatňována neformální a soukromá kázeň. Pokud byste se před sborem pokoušeli mávat širokým tupým mečem v podobě hrozby vyloučení dřív, než členové uznají obecnou potřebu vzájemné vykazatelnosti, čeká vás boj.

Vykazatelnost v církvi je důsledkem evangelia a právě tato vykazatelnost by měla být v konečném důsledku uplatňována v celém životě sboru, a to jak veřejném, tak soukromém. Když ale lidé nejsou zvyklí na to, že budou voláni k odpovědnosti za svůj hřích, je rozhodně snazší začít soukromou vykazatelností než tou veřejnou.

VEŘEJNÁ VYKAZATELNOST BY MĚLA VYRŮSTAT Z TOHO, CO UŽ SE ODEHRÁVÁ V SOUKROMÉM ŽIVOTĚ ČLENŮ SBORU

Mám kamaráda kazatele, který se snažil přesvědčit ostatní starší svého sboru, aby sboru přednesli případ vyžadující kázeň. Jednalo se o muže, který opustil manželku. Starší si ale nebyli jisti, zda bude sbor připravený někoho vyloučit, takže postupovali pomalu – možná až příliš pomalu. Když se konečně rozhodli doporučit vyloučení, sbor v podstatě reagoval způsobem: „Už bylo načase. Věděli jsme, že v takových případech by se mělo něco podniknout." Jinými slovy, starší odvedli dobrou práci tím, že ve sboru pěstovali správnou atmosféru pro uplatňování kázně.

Formální církevní kázeň nejlépe funguje v situaci, kdy už se členové naučili dávat a přijímat láskyplné napomenutí. Dělají to doma. Nebo třeba při obědě. Dělají to jemně, opatrně a pokaždé s myšlenkou na dobro toho druhého. Nepronášejí slova napomenutí sobecky – jen proto, aby si „ulevili".

Uvedu zde pět dalších principů odvozených z toho, co nacházíme v Novém zákoně.

DO PROCESU BY MĚLO BÝT ZAPOJENO CO NEJMÉNĚ LIDÍ

Z oddílu Matouš 18,15–20 můžeme jasně vyvodit, že podle Ježíšova záměru by měl proces nápravy hříchu zahrnovat jen tolik lidí, kolik je jich nezbytně zapotřebí k vyvolání pokání. Když k tomu stačí osobní rozhovor dvou lidí, je to dobré. Když je k tomu zapotřebí dvou nebo tří, mělo by zůstat u toho. Celá věc by měla být přednesena sboru jen v případě, že budou všechny ostatní možnosti vyčerpány.

Proces popsaný v 18. kapitole Matoušova evangelia samozřejmě vychází z předpokladu, že širší okruh lidí o daném hříchu zatím neví. Hříchy, které jsou už ze své podstaty veřejné, jako je ten popsaný v 5. kapitole 1. Korintským, budou možná vyžadovat, aby k nim vedoucí církve ostatním členům něco řekli. Podobnou situaci můžeme vidět ve 4. kapitole Filipským, kde Pavel před celou církví volá Euodii a Syntychu k stejnému smýšlení. Dá se předpokládat, že sbor už o jejich roztržce věděl.

Občas má hřích veřejné následky, o kterých je nutné veřejně promluvit i v případě, že dotyčný činí v soukromí pokání. To může být zapotřebí například v situaci, kdy neprovdaná žena otěhotní. Vedoucí sboru mohou dospět k závěru, že dotyčná a její partner (pokud patří do sboru) učinili upřímné pokání, a není tedy třeba přistoupit k formální kázni. Přesto mohou citlivě promluvit o celé věci před sborem, aby (1) navzdory příkladu daného páru připomněli sboru křesťanský názor na sexualitu a aby (2) vedoucí mohli dosvědčit Boží milost, která vedla pár k pokání, přičemž sbor současně povzbudí, aby dvojici a jejich dítě přijal a sloužil jim. Ať se nám to líbí, nebo ne, neříct v takové situaci vůbec nic zanechá v lidech dojem, že hřích není žádný velký problém, a ponechává to prostor pro dohady a klepy o daném páru. Mlčení může dokonce vyvolat nedůvěru a rozvracet jednotu.

Princip zapojení co nejmenších počtu osob je založen právě na uvedené dvojici priorit – na touze po tom, aby hříšník činil pokání, a na touze chránit Ježíšovo jméno.

PROCES BY MĚLI ŘÍDIT VEDOUCÍ SBORU

Hřích je ošidná a složitá věc. Ne bezdůvodně Pavel píše: „Bratři, kdyby byl někdo i přistižen v nějakém přestoupení, vy, kdo jste duchovní, napravujte takového člověka v duchu mírnosti a dávej si každý pozor sám na sebe, abys i ty neupadl do pokušení" (Galatským 6,1). Ví, že mladší ovce se snadno dají oklamat, a buď budou v pokušení připojit se k hříšníkovi v jeho hříchu, nebo se přinejmenším nechají přesvědčit hříšníkovými argumenty, že je tento hřích přijatelný. Proto Pavel nabádá ty, kteří jsou „duchovní", aby vedli záchranné úsilí.

Pavlova zmínka o „duchovních" nemusí nutně znamenat starší sboru, protože pak by napsal „starší". Naznačuje však, že členové sboru udělají dobře, když do celé věci zapojí bratry a sestry, kteří jsou starší a zkušenější ve víře, pokud počáteční osobní rozhovory nikam nevedou. Obecně řečeno se nejspíš poradí se staršími sboru, a ti pak budou povoláni k tomu, aby vedli kázeňský proces, zvlášť když bude zahrnovat stále širší okruh osob.

Vzhledem k tomu, že Bůh pověřil starší dohledem nad celou církví, bych rozhodně doporučil, aby každý hřích, který bude přednesen sboru, nejprve řešili starší.

TRVÁNÍ PROCESU ZÁVISÍ NA TOM, ZA JAK DLOUHO JE MOŽNÉ ZJISTIT, ŽE SE JEDNÁ O CHARAKTERISTICKOU NEOCHOTU ČINIT POKÁNÍ

Při praktickém uplatňování církevní kázně patří k náročnějším otázkám rozhodně to, zda už nastal čas přejít na další úroveň. Někdy Písmo představuje kázeňský proces jako pomalý postup – například v 18. kapitole Matoušova evangelia, kde se před vyloučením vyžaduje nejméně trojí varování. Jinde ho ukazuje jako něco, co postupuje rychle – jako v 1. Korintským 5, kde Pavel požaduje okamžité vyloučení. A pak je tu verš Titovi 3,10, který jako by spadal někam doprostřed. Před vyloučením totiž požaduje dvojí varování.

Jak jsme viděli ve 3. kapitole, klíčový rozdíl mezi 18. kapitolou Matoušova evangelia a 1. Korintským 5 spočívá v tom, že znázorňují dvě různé fáze celkového procesu vylučování. 1. Korintským 5 začíná tam, kde Matouš 18 končí, tedy zjištěním, že se jedná o charakteristickou neochotu činit pokání z hříchu nebo hříšného vzorce chování, o němž se v církvi všeobecně ví. Když sbor stanoví, že se jedná o charakteristickou neochotu činit pokání, mělo by následovat vyloučení.

Z teoretického hlediska je dosti snadné říct, jak dlouho by měl kázeňský proces trvat: tak dlouho, jak dlouho bude církvi trvat, než dospěje k závěru, že se daný jednotlivec vyznačuje typickou neochotou činit pokání. Členové církve mohou při pohledu na důkazy dojít k závěru během minuty.

Nebo mohou ve snaze dospět k jasnému přesvědčení a společnému názoru strávit celé měsíce proséváním důkazů a nesčetnými rozhovory. Otázka „jak dlouho" není těžká z teoretických důvodů, nýbrž z důvodů týkajících se reálného života. Nedokážeme nahlédnout do lidského srdce a pokaždé, když jsme povoláni prozkoumat „ovoce" a rozhodnout v tak důležité otázce, jako je to, zda sbor může dál dosvědčovat, že někdo patří do Božího království, na nás potřeba veliké opatrnosti doléhá jako obrovské břemeno.

Paradoxní je, že hříchy středního kalibru nepředstavují tak výraznou protiváhu k pokání, a tudíž celý proces většinou postupuje pomaleji. Vezměme si jako příklad závislost na omamných látkách. O té se nedá říct, že by okamžitě zpochybnila vyznání víry. Vzbuzuje však otazníky a staví sbor do situace, která vyžaduje pomalé a pečlivé zkoumání pokání. To je další ponaučení, které si můžeme odnést z postupu směrem od středu k okraji, který předkládá Ježíš v 18. kapitole Matoušova evangelia. Pokaždé, když se počet zúčastněných lidí rozšiřuje, je hříšník postaven před otázku: „Víš *opravdu jistě*, že se tohoto hříchu nechceš vzdát?" Lidé se někdy nechají oklamat představou, že mohou mít jak svůj oblíbený hřích, tak Ježíše. Je zapotřebí několika kol stupňující se konfrontace, než jim dojde: „Ne, nejde to. Buď jedno, nebo druhé."

Několik veršů před pokyny na téma církevní kázně nám Ježíš pomáhá stanovit, zda je pro daného člověka neochota činit pokání skutečně charakteristická: Byl by dotyčný ochoten nechat si raději useknout ruku nebo vyloupnout oko, než aby opakoval tento hřích? (Matouš

18,8–9). Jinými slovy, je ochoten podniknout vše, co je zapotřebí k boji s daným hříchem? Lidé, kteří činí pokání, projevují typicky horlivost ve snaze zbavit se určitého hříchu. Je to něco, co v nich koná Duch svatý. V takovém případě můžeme čekat ochotu přijmout radu zvenčí. Ochotu k nevýhodným změnám v programu. Ochotu vyznávat trapné věci. Ochotu přinášet finanční oběti, přijít o přátelství nebo ukončit vztah.

Z druhé strany platí, že čím větší či nápadnější určitý hřích či hříšný vzorec je, tím větší protiváhu tvoří na misce vah oproti pokání.[3] Dokáže mnohem snáze zdiskreditovat něčí vyznání víry a může vést sbor k rychlejšímu jednání. Existuje například rozdíl mezi situací, kdy o někom vyjde najevo, že je sériový cizoložník, a tím, že je alkoholik. Oba hříchy způsobují, že se něčí vyznání víry jeví jako méně věrohodné, ale odvažuji se říct, že o tom prvním hříchu to platí víc než o druhém.

V typických případech bývají větší hříchy doprovázeny hrozbou určitého nebezpečí a celá situace se tak jeví jako naléhavější. Může třeba hrozit veřejný skandál a následné poškození Kristovy pověsti (1. Korintským 5). Nebo tu je nebezpečí rozkolu, který ublíží církvi (Titovi 3,10). Může tu být nebezpečí falešného učení, které by opět poškodilo církev, zejména slabší ovce (viz 1. Timoteovi 1,20; 2. Janův 10–11). Církev by sice neměla přistoupit

---

[3] Co je to „větší" hřích? Je to takový hřích, který rychleji a viditelněji ničí hříšníka, církev, Kristovu pověst nebo jiné lidi obecně. Zpronevěra například napáchá víc škody než krádež v obchodě a vražda víc než zpronevěra.

k vyloučení jen z důvodu hrozícího nebezpečí, avšak přítomnost nebezpečí naznačuje, že se jedná o závažný hřích, a svědčí o důvodech, proč by sbor neměl dál potvrzovat něčí vyznání víry. Chci tím říct, že bychom dané nebezpečí (poškození Kristovy pověsti, hrozbu rozkolu či falešného učení nebo škodu, kterou by mohly utrpět slabší ovce) neměli vnímat jako *důvod* ke kázni, ale jako *podpůrné svědectví*, potvrzující správnost rychlého kázeňského postupu. Mělo by také u sboru posílit vědomí naléhavosti, takže pak budou o to rychleji svolány patřičné schůze a podány příslušné návrhy.

Stručně řečeno, o délce celého procesu rozhoduje výhradně doba potřebná k tomu, aby zúčastnění zjistili, zda je pro dotyčného ochota činit pokání charakteristická, nebo ne. Církev musí zkoumat okolnosti hříchu jako jednu stranu vah a všechny důkazy pokání jako tu druhou. Občas se vynoří nová informace, která váhy vychýlí jedním nebo druhým směrem. Když je ale sbor přesvědčený, že má dostatek relevantních informací o obou stranách vah a že se rovnováha přestala měnit, je čas jednat na základě převažujícího směru. Tento proces může trvat minutu, ale i rok.

V PŘÍPADĚ POCHYBNOSTÍ PLATÍ PRESUMPCE NEVINY

Jak už jsme si všimli, v 18. kapitole Matoušova evangelia popisuje Ježíš něco jako pečlivě vedený soudní proces:

„... aby ,ústy dvou nebo tří svědků byl potvrzen každý výrok'" (v. 16). Je třeba stanovit obvinění, předložit důkazy a povolat svědky. To znamená, že křesťané postupují pomalu a opatrně, ale i to, že by se církev měla při řešení kázeňských případů řídit podobným principem, jako se uplatňuje při soudním řízení: že totiž obžalovaný by měl být považován za nevinného, dokud se mu neprokáže vina.

Tento princip platí nejen pro záležitosti z oblasti formální kázně, ale měl by mít vliv i na přístup, s jakým křesťan konfrontuje bratra nebo sestru v soukromí. Je třeba vycházet z presumpce neviny. Obviněním by měly předcházet otázky. Nejprve bychom se měli snažit zjednat ve věcech jasno, a teprve pak pronášet to, co považujeme za jisté.

V oblasti kázně stejně jako v každé jiné oblasti života platí: „Každý člověk ať je rychlý k naslouchání, ale pomalý k mluvení, pomalý k hněvu" (Jakub 1,19).

VEDOUCÍ BY MĚLI POUČIT A ZAPOJIT SBOR

Různé denominační tradice mají různé způsoby, jak do formálního kázeňského procesu vtáhnout celý sbor. Osobně doporučuji zapojení sboru jakožto princip založený na 18. kapitole Matoušova evangelia (kde Ježíš mluví o zapojení „shromáždění") a 1. Korintským 5 (kde Pavel poučuje celé shromáždění, že má převzít zodpovědnost). Těm, kteří ještě nejsou přesvědčeni, že se jedná o nutný exegetický důsledek, bych stejně doporučoval, aby hledali způsoby, jak zapojit sbor, a to na základě teologického a pastoračního mandátu. Z teologického hlediska říká Pavel každé části těla Kristova, že by se měla vcítit do toho, co prožívají všechny ostatní, ať už se jedná o radost či zármutek (1. Korintským 12,21–26; viz Efeským 4,16), a považovat to za svou věc. Církevní kázeň je zvlášť ve svých závěrečných stadiích událostí, která má vzhledem ke sdílené jednotě v Kristu hluboký význam pro život celého těla a každé části se rozhodně týká. Z pastoračního hlediska je to významná událost, kterou by každá část rozhodně měla považovat za svou. Všichni se poučí. Všichni budou varováni a budou stát před výzvou. Všichni mohou mít něco, čím budou schopni přispět.

Ve sboru s kongregačním uspořádáním bude církev (v určitých kontextech) hlasovat nebo (v jiných kontextech) dospěje ke společnému rozhodnutí ohledně závěrečného aktu vyloučení a zdá se, že toto jednání má biblický precedent. Všimněte si slova „většina" ve 2. Korintským 2,6.

V jiných uspořádáních nemusí být sbor žádán, aby se do závěrečného rozhodování o vyloučení určitého člena zapojil, ale (podle mého názoru) by vedoucí církve měli v každém uspořádání zapojit sbor přinejmenším čtyřmi jinými způsoby. Za prvé by se předtím, než někoho vyloučí, měli řídit slovy „pověz to shromáždění" (Matouš 18,17). Vypadá to, že v případě, kdy situace nevyžadovala okamžité vyloučení, Ježíš počítal s tím, že uplyne určitý čas mezi informováním shromáždění a vlastním aktem vyloučení: „... pověz to shromáždění, a jestliže by neposlechl ani shromáždění, ať je ti..." Lze předpokládat, že členům, kteří už mají s nekajícím se člověkem nějaký vztah, tento krok poskytne příležitost pokusit se ho přesvědčit k pokání. Navíc připraví sbor na závěrečný akt vyloučení, pokud na něj nakonec dojde. Dá lidem příležitost jednat a klást otázky, než bude oznámeno konečné rozhodnutí.

Za druhé by měli vedoucí seznámit sbor s uplatněným kázeňským opatřením (v případě, že nezapojili sbor do rozhodování, což podle mě udělat měli). Pokud se sbor nepodílel na rozhodnutí o vyloučení člena, měl by o něm být informován. Bible křesťanům říká, že jejich vztah s vyloučeným jednotlivcem by se měl výrazně změnit (což detailněji rozeberu v následujícím bodě); proto by se měli věřící o vyloučení dozvědět.

Za třetí by vedoucí měli sbor poučit a vést ho v tom, jak by měl možné nebo dokonané vyloučení vnímat. Mladí křesťané mívají sklon podléhat naivnímu a nemístnému soucitu (stejně se Bůh občas vyjádřil o izraelském lidu). Vedoucí je mohou ochránit před klopýtnutím tím, že jim vysvětlí příslušné biblické texty, a tím, že budou sami vzorem v tom, jak by měl vypadat hluboký soucit spojený s láskou k pravdě.

V tomto smyslu by vedoucí měli členy poučit i o tom, jak s vyloučeným členem komunikovat. Nový zákon se touto záležitostí zabývá na mnoha různých místech (1. Korintským 5,9.11; 2. Tesalonickým 3,6.14–15; 2. Timoteovi 3,5; Titovi 3,10; 2. Janův 10). Základní doporučení starších v mém sboru zní, že by se náš vztah s kázněným člověkem měl zásadně změnit. Místo nezávazného povídání bychom se s nimi cílevědomě měli snažit vést rozhovory o pokání. Členové rodiny by rozhodně měli dál plnit povinnosti vyplývající z rodinného vztahu (viz Efeským 6,1–3; 1. Timoteovi 5,8; 1. Petrův 3,1–2).

Za čtvrté by měli vedoucí vést sbor k tomu, aby se lidé modlili za pokání a doufali v ně a aby byli připraveni hříšníka přijmout a smířit se s ním. Toto vedení by mělo mít podobu důkladného vyučování a osobního příkladu. Nikdo by neměl zůstat na pochybách ohledně toho, že vedoucí a církev jako celek jsou hluboce zarmouceni a nepřejí si nic jiného než se s odcizeným členem smířit.

PŘÍSTUP JEDNOHO SBORU

Možná jste si všimli, že neuvádím žádný návod složený z postupných kroků, jak přistupovat k situaci vyžadující církevní kázeň. Částečně proto, že Písmo nabízí několik způsobů, jak k formální kázni přistupovat. Dalším důvodem je, že sboroví vedoucí potřebují moudrost k rozpoznání, které biblické principy jsou v dané situaci vhodné a použitelné.

Mohu vám však vysvětlit, jak tento proces obvykle funguje v našem sboru. Obecně se držíme vzorce popsaného v 18. kapitole Matoušova evangelia. Učíme členy, aby začínali tím, že si o dané věci s dotyčným promluví v soukromí. Pokud nedojde k soukromému pokání, je třeba zapojit vedoucí – napřed jednotlivě a později případně jako celou skupinu. V některých případech se provinilec setká s celým staršovstvem, ovšem ne všichni lidé jsou k tomu ochotni. Starší pak několik dnů až měsíců vedou rozhovory o tom, zda záležitost přednést sboru. Pokud se rozhodnou sbor informovat, oznámí relevantní informace jen na soukromé členské schůzi. Sdělí sboru jméno člena a kategorii hříchu, avšak neuvedou příliš mnoho podrobností. Starší vysvětlí všechny dodatečné záležitosti, které se vztahují ke snaze přivést dotyčného k pokání, a povzbudí shromážděné, aby na tom s modlitbou spolupracovali. Oznámí, že pokud se do příští členské schůze, která se podle zvyku bude konat asi za dva měsíce, situace nezmění, nejspíš přistoupí k návrhu na vyloučení. Poté starší odpoví na otázky, které členové vznesou. Pokud plán vyloučení zůstane v platnosti, na následující schůzi starší návrh předloží na vyloučení, zeptají se, zda má někdo z přítomných nějaké otázky, a pak přistoupí k hlasování o vyloučení. Pokud je členové odhlasují, starší je poučí, jak s tímto bývalým členem jednat.

Ať už celý proces probíhá takto, nebo ne, vždy se snažíme řídit následujícími principy:

1. Do procesu by měl být vždy zapojen co nejnižší počet lidí – jen tolik, kolik je zapotřebí k vyvolání pokání.
2. Když se okruh zúčastněných zvětší a ve hře už to není jen jednotlivec nebo několik lidí, měli by proces začít řídit starší.
3. Délka procesu bude záviset na tom, kolik času bude zapotřebí ke stanovení charakteristické neochoty činit pokání.
4. Dotyčný by měl být pokládán za nevinného, dokud důkazy nepotvrdí opak.
5. Vedoucí by měli vhodným způsobem zapojit a poučit sbor.

5

JAK PROBÍHÁ OBNOVENÍ SPOLEČENSTVÍ?

Pokud formální církevní kázeň znamená ztrátu členství a možnosti účastnit se večeře Páně, co je nutné k návratu do dřívějšího postavení? A kdy k němu může dojít? Právě na tyto dvě otázky se teď zaměříme.

CO JE TO OBNOVENÍ SPOLEČENSTVÍ?

Po vyloučení člena z církve znamená obnovení společenství prostě to, že mu sbor vyhlásí odpuštění a potvrdí jeho příslušnost k Božímu království.

Ve svém druhém dopise korintské církvi se Pavel zabývá jiným případem církevní kázně, ovšem tentokrát popisuje, jak by mělo vypadat opětovné přijetí. Neuvádí žádné detaily ohledně hříchu, ale opětovné přijetí popisuje takto:

Takovému člověku stačí pokárání, kterého se mu dostalo od většiny z vás. Takže mu raději naopak odpusťte a povzbuďte ho, aby snad přemírou zármutku nebyl

87

takový člověk pohlcen. Vybízím vás tedy, abyste ho ujistili svou láskou (2. Korintským 2,6–8).

Většina sboru se s plným vědomím rozhodla daného člověka potrestat (hlasovali o tom?). Teď jim Pavel říká, aby mu odpustili, utěšili ho a potvrdili mu svou lásku k němu. Výzva k odpuštění navíc připomíná Ježíšova slova z Janova evangelia: „Komu odpustíte hříchy, tomu jsou odpuštěny, komu je zadržíte, tomu jsou zadrženy" (Jan 20,23), která tvoří paralelu k výroku o klíčích z Matoušova evangelia. Krátce poté, co Ježíš tato slova pronesl, navrátil Petrovi jeho dřívější postavení (Jan 21,15–17).

Jakmile se sbor rozhodne s někým obnovit společenství a umožnit mu účast na večeři Páně, nemělo by se mluvit o zkušebním období ani druhořadém občanství. Naopak by měl sbor vyhlásit odpuštění veřejně (Jan 20,23), potvrdit svou lásku k jedinci činícímu pokání (2. Korintským 2,8) a radovat se z něj, jako se otec radoval z návratu marnotratného syna (Lukáš 15,24).

Můj sbor jednou vyloučil člena pro složitý a hluboce zakořeněný vzorec podvodného jednání, kterého se dotyčný nebyl ochoten vzdát. Nakonec naštěstí činil pokání a církev mohla vyhlásit odpuštění a obnovit společenství. Uvádím zde návrh, který starší přednesli sboru:

Návrh: Starší s radostí doporučují, aby členové sboru s vděčností Bohu potvrdili pokání našeho bratra, abychom mu obřadně vyjádřili odpuštění jednání, kterého se vůči nám dopustil, a abychom s tímto bratrem v Kristu veřejně obnovili společenství a láskyplný vztah. To vše děláme s hlubokou vděčností vůči Bohu za to, že věrně dostál svému slovu, a vůči těm, kdo toto slovo ctí svou poslušností.

Sbor tento návrh jednohlasně potvrdil. Byla to příležitost k radosti.

Znamená obnovení společenství současně obnovu členství? Ve většině situací bych řekl „ano". Pokání nutné k obnovení společenství bude zřejmé mimo jiné z ochoty znovu se připojit k církvi a podřídit se jejímu dohledu. Ale v konečném důsledku podle mě obnovení společenství odpovídá křtu, a ne nutně začlenění do sboru (vzpomeňte si na etiopského dvořana ze Skutků 8,38–39). Podobně bude i obnovení společenství většinou, ale ne vždy znamenat obnovení členství. V příkladu, který jsem uvedl, žil dotyčný v době hlasování o návrhu v jiné zemi. Napsal sboru e-mail, ve kterém vyznal svůj hřích a poprosil o obnovení vztahu. Výsledkem další korespondence byl pak uvedený návrh.

KDY BY MĚLO K OBNOVENÍ SPOLEČENSTVÍ DOJÍT?

Jednoduchá odpověď zní: jakmile hříšník činí pokání a sbor je přesvědčen, že je opravdové, a to na základě ovoce, které vidí v jeho životě. K obnovení společenství dochází, když je církev znovu ochotna stanout před národy a potvrdit vyznání víry daného člověka.

Občas je důkaz pokání černobílá záležitost: manžel, který opustil manželku, se k ní vrátí. Jindy je v poněkud šedé oblasti: člověk, který zapadl do koloběhu závislosti a byl přistižen, nad ní možná úplně nezvítězil, ale vítězí častěji než v minulosti a je u něho patrné nové odhodlání s ní bojovat.

Nezbytný důkaz pokání se bude hřích od hříchu lišit a nebude vždy snadné rozpoznat, zda je pokání opravdové. Před takovou otázkou jednou stáli i starší z mého sboru. U kázněného jednotlivce se projevovaly určité důkazy pokání, ale jevil také známky tvrdosti srdce. Když se starší rozhodovali, zda by měli sboru doporučit obnovení společenství, viděli jsme obě strany a pociťovali jsme váhu Pavlových slov ohledně zdrcující přemíry zármutku. Při závěrečném hlasování bylo sedm hlasů proti obnovení společenství a šest pro.

Je nepochybně možné, že jsme jako starší udělali chybu, jako může být chybné každé lidské rozhodnutí. Avšak jak ti, kdo byli ve většině, tak ti, kdo byli v menšině, důvěřovali Bohu v tom, že bude prostřednictvím našeho nedokonalého a poněkud nejednotného rozhodování jednat. Bůh naštěstí používá váhající staršovstva a nespolehlivé postupy, jako jsou ty naše.

K tomu, abychom dokázali moudře vyhodnotit důkazy pokání, je zapotřebí hledat rovnováhu mezi opatrností a soucitem. A v důsledku toho musí často celý proces postupovat pomalu – ovšem ne příliš pomalu. Ve 3. kapitole vyprávím příběh svého přítele, který byl ze sboru vyloučen pro ostudnou trestnou činnost. Naštěstí se této trestné činnosti po odhalení okamžitě vzdal, což bylo příznivé znamení. Jiné související hříchy však přetrvávaly, což bylo špatné znamení. Byl ochoten se více než desetkrát setkat se staršími za účelem poradenského rozhovoru – příznivé znamení. Návštěvy sboru a poradenských setkání však byly vzácné – nepříznivé znamení. V době, kdy tato slova píšu, se kazatelé sboru dál snaží hledat rovnováhu mezi opatrností a soucitem a postupovat pomalu – ovšem ne příliš pomalu. Hlavní kazatel mi nedávno napsal: „Dál doufáme, že ho Pán promění! Doufali jsme, že s ním budeme moci obnovit společenství dříve, aby si nezačal zoufat, ale nemohli jsme postupovat tak rychle, jak bychom si přáli. Prosím, modli se, aby horlivě hledal Pána.“

Jak už jsem řekl, bylo by příjemné mít příručku typu: „Když se stane *tohle*, udělej *tamto*.“ Podle všeho je ale Božím záměrem, aby se sbory naučily spoléhat na moudrost, kterou jim Bůh slibuje i pro chvíle, kdy budou čelit těm nejnáročnějším otázkám, a tím nám znovu připomíná, jak moc jsme na něm závislí.

JSOU ROZHODNUTÍM VÁZÁNY JINÉ SBORY?

Je tu ještě poslední otázka, která stojí za zvážení v souvislosti s kázní a obnovením společenství: Jsou rozhodnutím jednoho sboru o vyloučení určitého člověka vázány jiné sbory? Neboli: Může určitý sbor přijmout někoho, kdo je kázněn jiným sborem?

Různé denominace přistupují k tomuto problému různě. Existují určité tradice, které jsou částečně založeny na přesvědčení, že církev jako instituce přesahuje místní sbor právě proto, aby k takovým věcem nedocházelo. Jednání jednoho biskupa musí do určité míry považovat za závazné i jiný biskup.

A neplatí to jen v římskokatolické a anglikánské církvi. I někteří baptisté v minulosti prosazovali názor, že když církev určitého jednotlivce vyloučí, zůstává dál pod pravomocí tohoto sboru, a to přinejmenším do doby, než sbor vyloučení odvolá. Během této doby si žádný jiný baptistický sbor nesmí uzurpovat jeho pravomoc tím, že by dotyčného přijal za člena.

Podle mého názoru je tento argument mylný. Církve mají právo přijmout člověka, kterého jiný sbor vyloučil. Nemusí to být z jejich strany moudré. A rozhodně by bylo rozumné prozkoumat důvody, které měl k svému jednání původní sbor. V konečném důsledku však Ježíš svěřil každému sboru pravomoc používat klíče království ke svazování a rozvazování a jeden sbor není vázán rozhodnutím jiného.

Když církev někoho vyloučí, vydává ho Satanovi (1. Korintským 5,5). Stáhne tím vlastně své potvrzení, že daný člověk patří do Božího království, kde vládne Boží spásná pravomoc. Prohlašuje naopak, že dotyčný nutně patří do Satanova království, kde vládne Satan (Matouš 4,8–9; Jan 12,31; 14,30). A církev tudíž nemá nad vyloučeným členem o nic větší pravomoc než nad kterýmkoli nekřesťanem z oblasti Satanova vlivu. Proto Ježíš říká, že se k tomuto člověku mají chovat jako k pohanovi nebo celníkovi (Matouš 18,17) – tedy jako k někomu, kdo už nepatří do smluvního společenství.[4]

---

[4] Neměly by se přesto sbory k vyloučeným členům chovat jinak než k nevěřícím (viz například „... s takovými ani nejezte" (1. Korintským 5,11)? Ano, měly. A není to určitá forma přetrvávající pravo-

Doporučuji tedy, aby sbory jednaly naprosto nezávisle jedny na druhých? Vůbec ne. Novozákonní sbory byly na sobě zjevně navzájem závislé. Dělaly vše pro to, aby bylo o jiné sbory postaráno, aby dostávaly dobré vyučování a spolupracovaly na šíření pravdy (viz Skutky 11,28–30; Koloským 4,16; 3. Janův 5–8). Varují také jedny druhé před falešnými učiteli a před různými odpornými jedinci. K této vzájemné závislosti by měla patřit i vzájemná pomoc při přijímání a vylučování členů. Proto by se mezi sbory měly občas v rámci rozumných pravidel odehrávat rozhovory na téma kázně. Současně je však každý sbor v konečném důsledku zodpovědný před Bohem za svá vlastní rozhodnutí.

---

moci? Ne, není. Je to forma autority, kterou církev uplatňuje nad svými vlastními členy, jako když matka řekne dětem, že se nemají kamarádit s určitou školní partou. Uplatňuje autoritu nad dětmi, ne nad tou nevhodnou partou. Když členům sboru říkáme, že se nemají přátelit s vyloučeným členem, chráníme tím své vlastní členy a současně vyhlašujeme, že vyznání víry tohoto člověka není důvěryhodné.

2. ČÁST

PRAKTICKÉ UPLATNĚNÍ RÁMCE: ROZBOR KONKRÉTNÍCH PŘÍPADŮ

Následující „kazuistiky" jsem vytvořil s pomocí prvků skutečných situací, ve kterých jsem se angažoval nebo jsem o nich přinejmenším slyšel. Přestože jsem uplatnil prvky skutečných situací, detaily jsem různě pozměnil – včetně toho, že používám obecně použitelná jména jako třeba Joe a Jill.

Abych ušetřil místo a vyhnul se opakování, vynechávám podrobná vysvětlení a místo nich odkazuji na kapitolu, kde daný princip detailně rozebírám. Odkazy uvádím v závorkách – například (viz kap. 3) nebo (viz Úvod).

Nepředpokládám, že by uvedená rozhodnutí pokaždé představovala „poslední slovo". Některá z nich mohou být mylná. Přesto jsou ukázkami nejlepší snahy mého či jiného sboru uplatnit v praxi evangelijní rámec, jak je popsán v prvních čtyřech kapitolách.

Každý z popisovaných scénářů se odehrává v rámci kongregačního sboru, vedeného staršími. To znamená, že jakmile kázeňský proces dosáhl určité úrovně, ujali se jeho vedení starší, ale sbor měl konečné slovo ohledně toho, zda by mělo dojít k vyloučení, o němž pak bylo hlasováno na schůzi určené jen pro členy.

6

CIZOLOŽNÍK

SITUACE

Joe se aktivně angažoval ve sborové charitativní službě, a dokonce se podílel na jejím vedení. Jeho blízcí přátelé, starší sboru, s ním začali vést rozhovory o jeho pochybnostech o jeho vlastní křesťanské víře. Jednoho dne kontaktovala jednoho ze starších Joeova manželka a oznámila mu, že Joe má s někým poměr a možná to není poprvé. Dva starší se s ním několikrát setkali v soukromí a hovořili s ním o nevěře i jeho pochybnostech, ale k ničemu to nevedlo. Joe přiznal, že jednal „nesprávně", ovšem na otázky, zda se přestane s tou druhou ženou vídat, odpovídal nejasně a vyhýbavě. Po několika týdnech řekl dvěma starším, že od manželky odchází a že s manželstvím končí. Během několika dní se odstěhoval.

Měl by sbor Joea vyloučit? A pokud ano, jak rychle?

POSOUZENÍ HŘÍCHU

Nevěra je závažný hřích, který vrhá okamžité pochybnosti na pravost vyznávané víry. Někteří by řekli, že ji naprosto zpochybňuje. Jedná se o významný čin zrady, který jako špatný běžně rozpoznávají i nekřesťané, o čemž svědčí skutečnost, že politici, kteří jsou při něm přistiženi, občas přijdou o svůj úřad. Ježíše, který vůči své nevěstě nikdy nevěrný nebyl, nevěra představuje v naprosto falešném světle. Ničí manželství a ubližuje dětem, církvi i přátelům.

Jinými slovy, nevěra není hřích, do kterého by jednotlivec sklouzl v důsledku naivity a nevědomosti. Je to vědomý a arogantní hřích, který odhaluje velmi zatvrzelé srdce, podléhající sebeklamu.

Lze si představit situaci, kdy by cizoložství mohlo vést k okamžitému vyloučení, například pokud by se během krátké doby zjistilo, že se jedná o opakované chování, a ne jednorázovou záležitost, nebo že by bylo okamžitě zjevné odhodlání dotyčného v tomto hříchu pokračovat.

POSOUZENÍ POKÁNÍ

Pokud je cizoložník podobně jako Joe přistižen, dá se čekat, že přinejmenším zpočátku zaujme obranný postoj, a to i pokud je opravdu křesťan. Koneckonců musí mít srdce už dost zatvrzelé, když zašel tak daleko. Křesťanovo srdce by však mělo poměrně rychle roztát, když ho někdo konfrontuje s jeho nevěrou – většinou během několika dní nebo spíše hodin. Člověk by čekal, že pro kajícího se hříšníka bude typický upřímný zármutek, ochota k nápravě, rozhořčení nad hříchem, bázeň, horlivost a podobně (viz 2. Korintským 7,11).

Joe se však od začátku choval vyhýbavě. Nebylo zřejmé, že chce v hříchu pokračovat, ale stejně tak nebylo jasné, že se ho chce vzdát. Během několika prvních týdnů poté, co se o problému dozvěděli starší, vzbuzoval dojem, že se nemůže rozhodnout, kterou cestou se vydá. Z tohoto důvodu se starší rozhodli nejednat okamžitě.

DALŠÍ FAKTORY

Do rozhodnutí starších nejednat okamžitě se promítly Joeovy předpokládané pochybnosti o víře. Dokonce si začal pohrávat s myšlenkou, zda je vůbec křesťan, což by ovlivnilo způsob, jak by starší situaci řešili (viz rozdíl, který činí Pavel mezi stýkáním se s nemravnými lidmi ze světa a s někým, kdo si říká bratr – 1. Korintským 5,9-–11). Vycházeli z toho, že pochybnosti a nevěra spolu nějak souvisí, ale nebylo jasné, co přišlo dříve.

ROZHODNUTÍ

Jakmile Joe oznámil, že od manželky odchází, a své rozhodnutí dal najevo tím, že se odstěhoval, dospěli starší k závěru, že jeví charakteristickou neochotu k pokání (viz kap. 3). Joe byl opakovaně varován, avšak byl odhodlán jít cestou hříchu, a ne tou Ježíšovou. Věděl, co dělá. Proto tito dva starší s podporou celého staršovstva navrhli Joeovo okamžité vyloučení (kap. 3 a 4) a sbor je schválil.

7

ZÁVISLÁ

SITUACE

Jill byla závislá na hazardu. Vyrůstala v rodině, kde rodiče pro zábavu sázeli a nikdy to nemělo závažnější důsledky. Dokonce jí při rodinných výletech do Las Vegas dávali kapesné, aby si mohla vsadit. Během vysoké školy se však u Jill ze sázení stal návyk. Navštěvovala kasina, stala se členkou několika internetových sázkových klubů a na mobilu měla sázecí aplikace.

Když se po ukončení vysoké školy stala křesťankou, tempo jejího sázení se výrazně zpomalilo, a to hlavně proto, že její pozornost zaujala nová víra. O rok později však začala sázet častěji. Jillini křesťanští přátelé, kteří byli poněkud nezralí, zpočátku považovali její historky o sázení za zábavné. Zakrátko však zjistili, že Jill má významný problém. Jeden z nich ji přímo konfrontoval a Jill souhlasila, že sázení může být problematická záležitost, pokud se k němu nepřistupuje zodpovědně, ovšem ujišťovala je, že ona ho má pod kontrolou.

Pak se Jill vdala. Za rok se z jejího sázení stal problém, o kterém s manželem Jamesem často diskutovali. Když ji manžel konfrontoval, zpočátku se hájila a upozorňovala na jeho vlastní hřích i na to, že v době, kdy spolu chodili, jednou vsadil dva dolary na vysokoškolský basketbalový tým. Po jedné nepříjemné epizodě, při které přišla o několik tisíc dolarů, kapitulovala. Přiznala, že má se sázením problém, a rozhodla se s ním skoncovat. Byli povoláni přátelé z církve, vůči kterým pak měla být vykazatelná.

Uplynulo několik měsíců. Vykazatelnost zpočátku živě fungovala, jenže později polevila. Jill začala zase sázet a problém se rychle stupňoval. Když si poprvé vyrazila do herny, vsadila vysoké částky a prohrála víc peněz než kdykoliv předtím. Příští den se snažila z té šlamastyky vyhrabat tím, že vsadila ještě víc, ale zabředla do ní ještě hlouběji. Následoval krach, při kterém nechyběly slzy a opětovné sliby, včetně slibu, že navštíví sborového poradce. Během následujících měsíců se však bludný kruh několikrát opakoval.

Nakonec se jednou večer jednomu ze starších telefonicky ozval Jillin manžel se zprávou, že Jill zajistili v důsledku slovní potyčky s policistou, který byl mimo službu. Byla v kasinu, prohrála tisíce dolarů, cítila se hrozně, hledala útěchu v alkoholu, začala se chovat urážlivě a nakonec začala bušit do policisty, který se ji snažil uklidnit.

Nebyla zatčená, jenom ji v kasinu umístili do „cely" a požádali manžela, aby si ji vyzvedl.

Příštího rána se Jill cítila nesmírně trapně, dávala okatě najevo svou lítost, ale přesto z ní byl cítit jistý obranný postoj. Ano, bylo jí trapně, ale část jejího já se dál snažila tvrdit, že její hřích přece není *až tak špatný*. Samotná skutečnost, že kasina mají takové „cely", byla podle ní důkazem, že její hřích je poměrně běžný. Navíc byl vůči ní policista shovívavý. Copak se nezachovají stejně i její křesťanští přátelé?

Měla by církev vyloučit závislého, který jako Jill projevuje nad svou závislostí a jejími důsledky určité známky lítosti?

POSOUZENÍ HŘÍCHU

Křesťané se možná neshodnou na tom, zda je hřích vsadit drobnou sumu – třeba dolar nebo dva. Většina z nich by ovšem souhlasila, že sázení většího množství peněz, zvlášť v případě pravidelných sázek, je projevem špatného správcovství peněz, které nám Bůh svěřil, a je hříšné. Je vysoce pravděpodobné, že takovýto návyk je motivován modlářskou touhou získat něco za nic. Navíc křesťanovi nejspíš brání ve štědrém dávání na potřeby sboru nebo chudých. A nepochybně svědčí o tom, že dotyčný nemiluje své bližní jako sám sebe (kdo by svého bližního povzbuzoval k tomu, aby sázel velké sumy peněz)?

Jillin hřích byl zjevně návykový a ovládal ji. Bavilo ji prožívat napětí z rizika, ale také jí to umožňovalo uniknout před realitou a (jak sama přiznávala) cítit se důležitá, jako by snad to, že vyhrála sázku, dokazovalo její moc nad náhodou a nad světem. Nepochybně si vypěstovala modlu z představy, že dokáže zvítězit nad rizikem a získat něco za nic.

Stejně nebo ještě více znepokojivá byla skutečnost, že když Jill její modla číslo jedna zklamala, hledala útěchu v alkoholu. Navíc veřejná povaha jejího opilství i násilného chování svědčila o jejím dosti zatvrzelém srdci a naprostém nezájmu svědčit o Kristu svým životem.

POSOUZENÍ POKÁNÍ

V době zmíněného manželova telefonátu už praktický kázeňský proces probíhal léta. Přicházela varování. Byly vytvořeny struktury vykazatelnosti. Jill ale nějak dokázala na každou z těchto struktur zapomenout. Někdy vypadala kajícně, ovšem znovu a znovu se k svému hříchu vracela jako pes ke svému zvratku (Přísloví 26,11). A pokaždé se zdálo, že je problém horší, jako by se vyhnaný démon vracel se sedmi ještě horšími (Matouš 12,44–45).

Naštěstí se Jill občas rozhodla, že bude se svým návykem bojovat, a po té nejnovější epizodě to také slíbila. Příštího dne svého chování nepochybně litovala. Když však celou věc rozebírali starší, říkali si, že i člověk, jehož srdce není proměněno, by litoval ztráty několika tisíc dolarů, toho, že se opil, napadl policistu a nechal se zavřít.

Tři detaily se zdály zvlášť znepokojivé: stupňující se povaha sázení, opíjení se na veřejnosti a agresivní chování při poslední epizodě odhalovalo o zatvrzelosti jejího srdce, a konečně skutečnost, že Jilliny sliby, že se změní, zněly prakticky stejně jako to, co už od ní tolikrát slyšeli. Jeden ze starších označil tuto epizodu za poslední kapku a všichni se shodli na tom, že Jilliným slovům se už nedá věřit (viz kap. 3 a 4). Žádná z „běžných" struktur vykazatelnosti a pastoračního poradenství nepřinesla výsledky a situace se zhoršovala.

Manžel pravosti jejího pokání důvěřoval tak málo, že byl ochoten podpořit rozhodnutí starších o vyloučení jeho manželky ze sboru – ne snad proto, že by ji nemiloval, ale právě z lásky k ní (viz Úvod).

ROZHODNUTÍ

V neděli po policistově telefonátu doporučili starší Jillino okamžité vyloučení ze sboru pro její návykové sázení a opíjení se na veřejnosti. Spousta lidí slyšela o problému poprvé a někteří z nich uvažovali, zda by nebylo vhodnější, aby Jill před vyloučením dostala varování od celého sboru. Starší však vysvětlili, jak dlouhodobý vzorec událostí, který ještě zvýraznila skandální povaha potyčky s policistou, staví církev do pozice, kdy už dál, přinejmenším nějakou dobu, nemůže poctivě dosvědčovat pravost Jillina pokání (viz kap. 3). Snad bude Jill schopna v následujících měsících dokázat, že to s pokáním myslí vážně, a v takovém případě budou moci s radostí a zodpovědně její vyznání víry potvrdit (viz kap. 5).

Jillin manžel se tohoto členského shromáždění úmyslně zúčastnil. Chtěl sboru ukázat, že podporuje rozhodnutí starších. Navíc si přál, aby se to, že on sám stojí za rozhodnutím sboru, dozvěděla i Jill, aby nic nemohlo zpochybnit rozhodnutí o vyloučení, které bude jeho manželce zasláno.

Sbor odhlasoval její vyloučení s tím, že proti byl pouze jediný člověk.

8

VEŘEJNĚ ZNÁMÝ
DELIKVENT

SITUACE

V úterý ráno se starší a sbor dozvěděli, že James byl
zatčen na základě obvinění z okrádání firmy, ve které
pracoval. V průběhu pěti let, jak uvedl reportér, se Jame-
sovi podařilo odcizit několik set tisíc dolarů. Před sou-
dem i v soukromém rozhovoru s jedním ze starších
James tvrdil, že je nevinný.

Vyžaduje veřejná povaha Jamesova hříchu, aby ho
církev vyloučila okamžitě?

POSOUZENÍ HŘÍCHU

Když člen církve odcizí během několika let několik set
tisíc dolarů, svědčí to o hluboké zakořeněnosti jeho hří-
chu i o silně zatvrzelém a nepoctivém srdci. Takový
hřích je cílevědomý a svévolný.

POSOUZENÍ POKÁNÍ

S přihlédnutím ke skutečnosti, že se jedná o záměrný hřích, a k jeho lživosti by církev mohla důvodně dospět k rozhodnutí, že nemůže nadále potvrzovat vyznání víry tohoto člena, a přistoupit k okamžitému vyloučení. Takový člověk *by mohl* projevovat ochotu k pokání, ale pro církev by nebylo jednoduché rozpoznat, zda ho skutečně činí. Hřích zpronevěry spojený s pokrytectvím bude mnohem spíš svědčit pro typickou neochotu k pokání (viz kapitoly 3 a 4).

Tento rozbor ovšem vychází z předpokladu, že je James vinen, a on se prohlašuje za nevinného. Navíc ještě soud nerozhodl. Starší si nepřáli, aby rozsudek sboru vycházel z méně kompletních informací než soudní rozhodnutí (viz kap. 1). A rozhodně by neradi vyloučili člověka, kterého by soud nakonec osvobodil.

ROZHODNUTÍ

Protože se o situaci sbor dozvěděl už ze zpráv, starší věděli, že budou muset lidem něco říct. Proto se rozhodli pro následující opatření:

1. s konečným doporučením vyčkají na rozhodnutí soudu;
2. sdělí sboru, že se rozhodli pro tento postup;
3. vyzvou sbor, aby se v tomto mezidobí za Jamese a jeho rodinu modlil a projevoval jim lásku;

4. v soukromí doporučí Jamesovi, aby se dál účastnil nedělních shromáždění, ale aby v případě, že je vinen, nepřistupoval k večeři Páně. Počítali sice s tím, že pokud je vinen, bude jejich doporučení ignorovat, ale stejně je museli vyslovit.

9

NALOMENÁ TŘTINA

SITUACE

Jane vychovávala svobodná matka s různými partnery,
přičemž někteří z nich Jane i její matku týrali. V důsledku
touhy po muži, se kterým by mohla mít stabilní vztah, si
Jane v raném dospívání zvykla navazovat promiskuitní
vztahy a nechala se muži využívat. Navíc si vypěstovala
návyk sebepoškozování a bulimii.

Na vysoké škole si našla přátele z církevní skupiny,
kteří působili dojmem, že jim na ní záleží. Někdy během
té doby se začala považovat za křesťanku a nechala se
pokřtít. Její sbor kázal evangelium, ale většina kázání byla
povrchní a sbor nenabízel mnoho příležitostí k vykaza-
telnosti. Většina návštěvníků bohoslužeb včetně Jane
zůstávala anonymní a Jane se zakrátko vrátila k návyku
sexuálních hříchů a sebepoškozování.

Po ukončení vysoké školy začala navštěvovat nový sbor,
ve kterém se věrně kázalo biblické učení a zdůrazňoval

se význam členství. Jane se tedy stala členkou. Sice většinou zůstávala na okraji, ale připojila se ke skupince žen, které se po čase začala přiznávat ke své osamělosti a – částečně k svému vlastnímu překvapení – i ke svým sexuálním hříchům.

Jednoho dne přišla v doprovodu další členky skupinky, která jí poskytovala podporu, do kazatelovy kanceláře a v slzách vyznala děsivou míru sexuální aktivity v průběhu několika posledních měsíců.

Měla by být Jane vyloučena? Mělo by se při tom přihlédnout k okolnostem jejího dřívějšího života?

POSOUZENÍ HŘÍCHU

Smilstvo obecně zpochybňuje věrohodnost křesťanova vyznání víry, a to zvlášť v případě, kdy se jako u Jane jedná o životní styl. V počátcích svého života víry si Jane mlhavě uvědomovala, že jde o hřích, ale sbor, do kterého patřila, podle všeho nebral hříchy příliš vážně. Vedoucí vysokoškolské skupiny občas dělal košilaté vtipy a o některých členech skupiny se vědělo, že mají s někým poměr. Jane znalost těchto skutečností posloužila jako výmluva pro zatvrzování vlastního svědomí.

V novém sboru však měla stále silnější pocit, že je to pokrytecké, a cítila se stále silněji usvědčovaná. Její návyky v sexuální oblasti však byly hluboce zakořeněné a také její emoční potřeby byly hluboké. Sebepoškozování jí poskytovalo dočasný dojem, že vinu zapříčiněnou sexuálními hříchy nějak odčinila.

POSOUZENÍ POKÁNÍ

Jakkoliv byl vzorec hříchu u Jane znepokojivý, první kroky pokání byly povzbudivé (kap. 3). Především svůj hřích vynesla na světlo sama; nebyla přistižena. Za druhé se s ním svěřila své skupince a pak, přestože jí to bylo velice trapné, i kazateli, se kterým se osobně znala jen málo, a přesto si ho vážila. Za třetí souhlasila se schůzkou s poradcem, který pro sbor pracoval. Za čtvrté kazateli sdělila, že by byla raději, aby o jejím hříchu nevyprávěl starším, ale pokud to udělá, bude respektovat jeho rozhodnutí s vědomím, že jedná v jejím zájmu. Při tom všem neprojevila žádný sklon se hájit (kap. 3). Vzbuzovala dojem, že upřímně lituje své minulosti a touží po jiné budoucnosti.

Sebepoškozování představovalo problém, protože ukazovalo na nedostatečné porozumění evangeliu. Její odhodlání vynést na světlo samotné sebepoškozování i sexuální hříchy bez ohledu na to, kolik ji to bude stát, svědčilo ve prospěch její ochoty činit pokání.

DALŠÍ FAKTORY

Při posuzování situace považoval kazatel za významný faktor prostředí, ze kterého Jane pocházela. Kdyby se ke hříchu takovéto úrovně přiznala žena, která vyrostla ve zdravé rodině v církvi a byla aktivně zapojená do sborové služby, možná by zvolil jiný přístup.

ROZHODNUTÍ

Kazatel se rozhodl seznámit se současnou situací staršovstvo, ovšem bez návrhu na vyloučení. Vyprávěl jim Janin příběh jednak proto, aby si ověřil správnost vlastního rozhodnutí, ale také proto, aby starší získali lepší představu, jak se o tuto „nalomenou třtinu" starat. Nebylo zahájeno žádné formální řízení.

10

NECHODÍCÍ ČLEN

SITUACE

Jim se stal členem sboru v lednu, šest měsíců do shromáždění poněkud nepravidelně docházel a pak chodit úplně přestal. Během této doby většinou přicházel pozdě, odcházel brzy a s nikým nenavázal bližší vztah. Jednomu ze starších se v únoru podařilo zajít si s ním na oběd a pokusil se domluvit si další setkání u jídla, ale Jim pokaždé setkání na poslední chvíli zrušil – většinou s omluvou, že se „na poslední chvíli něco vyvrbilo v práci". Vypadalo to, že nikdo v církvi Jima vlastně nezná.

V září si tento starší uvědomil, že Jima ve sboru od června neviděl, a rozhodl se mu znovu zavolat. Nechal mu vzkaz na záznamníku, po několika týdnech další a současně poslal e-mail. Na žádnou z těchto zpráv Jim nereagoval. Minulo pár dalších měsíců a po Jimovi nebylo ani vidu, ani slechu. Starší mu zanechal jednu nebo dvě další zprávy a pak se rozhodl upozornit na problém ostatní starší. Dva z nich se nabídli, že Jimovi zavolají nebo napíšou e-mail. Mezitím se konalo několik dalších schůzí staršovstva a při té poslední znovu přišlo na přetřes Jimovo jméno s tím, že nikdo z přítomných ho neviděl ani o něm neslyšel přes osm měsíců. Měli by Jima vyloučit? Pokud ano, za jaký hřích?

POSOUZENÍ HŘÍCHU

Jimův hřích lze popsat několika způsoby. Jednak ho můžeme označit za porušení smlouvy s místním sborem, v jejímž rámci slíbil, že bude o tento sbor pečovat. Jim v podstatě tvrdí, že miluje Boha, a přitom úplně zanedbává svoje bratry a sestry, takže se chová, jako by je nenáviděl (1. Janův 4,20–21). Ještě konkrétněji se jednalo o neposlušnost vůči příkazu z Hebrejům 10,24–25, kde stojí: „… a buďme pozorní jedni k druhým, abychom se rozněcovali v lásce a dobrých skutcích. Nezanedbávejme své společné shromažďování, jak mají někteří ve zvyku, nýbrž povzbuzujme se, a to tím více, čím více vidíte, že se ten den přibližuje." Autor listu Hebrejům křesťanům přikazuje, aby se pravidelně setkávali, a mohli se tak vzájemně povzbuzovat k lásce a dobrým skutkům, což je jiný způsob vyjádření výše uvedených bodů. Autor pak upozorňuje na den Božího soudu jako na důvod, proč je třeba tyto věci konat. Jinými slovy, bere tento hřích skutečně vážně.

Hřích neúčasti na bohoslužbách není zdaleka tak zjevný jako třeba cizoložství. Přesto se za ním často skrývají další nebo k nim přinejmenším mnohdy vede.

Navíc je země jako Spojené státy plná křesťanů podle jména, kteří kazí pověst evangelia v důsledku toho, že církve nejsou ochotny převzít zodpovědnost za řešení problému nechodících členů.

Kromě toho je třeba vzít v potaz, že pokud členství ve sboru odpovídá tomu, že sbor potvrzuje vyznání víry daného jednotlivce, z dlouhodobé neúčasti na bohoslužbách vyplývá, že sbor není schopen konat svou povinnost. Nemůže dál zodpovědně prohlašovat, že dohlíží na učednický růst dotyčného. Vyloučení proto představuje efektivní způsob, jak zjednat ve věcech pořádek. Je to způsob, jak říct: „Nemůžeme za daného člověka dál ručit, a proto nebudeme dál formálně dosvědčovat jeho vyznání víry" (kap. 2).

POSOUZENÍ POKÁNÍ

Protože Jim odmítal reagovat na e-maily a telefonáty starších, neexistovala možnost, jak hodnotit ovoce pokání; dalo se pouze říct, že žádné není vidět.

ROZHODNUTÍ

Přesto se starší rozhodli, že nepřistoupí k okamžitému vyloučení a raději to podle 18. kapitoly Matoušova evangelia oznámí shromáždění (kap. 1). Při příští členské schůzi tedy zaznělo Jimovo jméno před sborem a starší oznámili, že pokud se nic nezmění, přistoupí na příští schůzi, která se má konat za dva měsíce, k vyloučení pro neúčast na bohoslužbách. Povzbudili kohokoliv, kdo se s Jimem zná, aby mu zavolal nebo poslal e-mail. Starší také využili tuto příležitost k tomu, aby shromážděným věřícím připomněli, proč je účast na bohoslužbách tak důležitá.

Návrh na vyloučení odložili o další dva měsíce přinejmenším z pěti důvodů (kap. 4). Za prvé tím v souladu s logikou 18. kapitoly Matoušova evangelia získali víc času na to, aby si ověřili, zda Jim bude činit pokání. Za druhé to poskytlo Jimovým přátelům (pokud by měl nějaké, o kterých starší nevěděli) příležitost zapojit se do snahy vyzvat Jima k pokání. Za třetí se tím snížila míra šoku, který nevyhnutelně následuje po oznámení, že někdo bude bezodkladně vyloučen. Satan takový šok u mladých a nezralých členů stáda často využívá k podrývání důvěry ve vedoucí. Za čtvrté je to poslední možnost, jak tuto zbloudilou ovci vypátrat. Za páté to sboru poskytlo možnost společně se za Jima modlit.

Uplynuly dva měsíce a Jim se i nadále nikomu neozval. Starší tedy přednesli návrh na vyloučení a shromáždění ho jednohlasně schválilo.

11

PRAVIDELNÁ NÁVŠTĚVNICE BOHOSLUŽEB, KTERÁ PŮSOBÍ ROZKOL

SITUACE

Jenny a její manžel chodili do sboru dvacet let. Po většinu té doby neexistovalo v této církvi formální členství a Jenny ani její manžel se členy nikdy nestali. Přesto byli velice aktivně zapojeni do všech možných oblastí služby od organizování donášky jídla pro novopečené matky po vyučování v nedělní škole. A málokterou neděli chyběli.

Jenny byla současně velmi aktivní klepna. Vždycky byla mezi prvními, kdo věděl o něčích manželských problémech, finančních potížích nebo starostech s bouřícími se dospívajícími.

Když nastoupil nový kazatel a začal zavádět pečlivější systém členství, většina sboru byla spokojená. Neplatilo to však o Jenny a jejím manželovi. Ani trochu se jim nezamlouvala představa, že by měli podepsat cokoliv, co by se týkalo jejich křesťanské víry. „Církev je přece rodina," tvrdili, „a kdo by po členech rodiny chtěl, aby podepisovali nějaký papír, že patří do rodiny?"

Během následujících let udělal nový kazatel řadu dalších změn, které se Jenny a jejímu manželovi nelíbily. Zavedl třeba pravidlo, že učit v nedělní škole nebo řídit určitou službu, jako třeba organizování občerstvení při sborových akcích, mohou jen členové sboru. Dvojice byla čím dál tím rozhořčenější, zvlášť Jenny.

Jednoho dne Jenny zahlédla kazatele v jedné ze zadních uliček supermarketu, jak si povídá s atraktivní mladou ženou, která nebyla jeho manželkou. Jenny sice stála dost daleko, ale připadalo jí, že zahlédla, jak se dotýká jejího ramene a že na to dotyčná zareagovala pláčem nebo chichotáním. Jenny si tím nebyla jistá, ale začala svým kamarádkám vykládat, že si dělá o kazatele starosti – že má možná s někým poměr a potřebuje modlitby. Fáma se začala šířit a nakonec se dostala až ke starším.

Zpočátku nebyla Jenny ochotná řešit danou záležitost přímo s kazatelem nebo staršími. Když jí ale dva starší řekli, že má přestat roznášet klepy a kamarádkám se má omluvit, rozhodla se formálně konfrontovat kazatele a jeho manželku. Tou dobou si už stačila namluvit, že kazatel je manželce skutečně nevěrný. Starší se jí zeptali, zda může přivést dalšího svědka, který by její obvinění podpořil (1. Timoteovi 5,19). I když svědka přivést nemohla, odmítala se vzdát. Když ji starší varovali, že může být vyloučena pro pomluvy a působení rozkolu, prohlásila, že k tomu nemají pravomoc, protože není členkou sboru.

Může sbor vyloučit nečlena? Jaká kritéria by se dala použít ke stanovení toho, že něčí klepy a řeči působící rozkol překročily meze a je třeba něco podniknout?

POSOUZENÍ HŘÍCHU

Na základě důkazů bylo zjevné, že se Jenny provinila přinejmenším třemi hříchy: pomluvami, působením rozkolu a odmítnutím podřídit se rozhodnutí starších. Ježíš a apoštolové označili pomlouvání za zlo a požadovali od Kristových následovníků, aby ho zanechali (Matouš 15,19; Efeským 4,31 ČEP; 1. Petrův 2,1). Pomluvy koneckonců dokážou zničit něčí pověst a připravit dotyčného o živobytí a kromě toho rozvracejí sbor. Pavel také varoval, že ti, kdo církev rozdělují, by měli být dvakrát varováni a následně vyloučeni (Titovi 3,10 B21). Působení rozkolu je opravdu třeba brát velice vážně. A konečně Písmo nabádá křesťany, aby se podřídili svým vedoucím (Hebrejům 13,17).

Jennina obvinění se zakládala na incidentu v supermarketu a jednom či dvou bezvýznamných detailech. Přesto dva starší celou věc nenápadně prošetřili a zjistili, že obvinění je zcela neopodstatněné. Při nejméně čtyřech příležitostech Jenny požádali, aby s obviňováním přestala, ale ona to odmítla udělat.

POSOUZENÍ POKÁNÍ

Po šesti či osmi týdnech rozhovorů bylo zřejmé, že se Jenny odmítá vzdát. Ve skutečnosti to vypadalo, že se při každém rozhovoru ve svém názoru ještě víc utvrzuje a začíná to, co zahlédla v supermarketu, ještě přikrášlovat. Přítelkyně, které zpočátku chápaly její starost, se od ní začaly postupně odvracet. To ji podle všeho ještě víc popudilo a začala hledat spojence mezi mladšími a méně zralými členy sboru.

Stručně řečeno, Jennino zapojení do sboru a jeho služby vypovídalo o tom, že je skutečnou křesťankou. To, co se odehrálo v posledních měsících, však ukazovalo, že by to nemuselo platit (kap. 3). Starší se jednomyslně shodli, že se provinila všemi třemi výše uvedenými hříchy a že neexistují naprosto žádné důkazy, že by z nich činila pokání. Nesla špatné ovoce a zdálo se, že toto ovoce je čím dál tím horší.

DALŠÍ FAKTORY

Celou situaci komplikovala skutečnost, že Jenny nebyla členkou sboru. Technicky vzato měla pravdu: nikdy se formálně nepodřídila autoritě sboru, takže církev neměla pravomoc ji formálně vyloučit (kap. 2 a 3).

Současně však byla vzhledem ke svému dlouhodobému působení ve sboru známá a oblíbená. Navíc spousta lidí prostě předpokládala, že členkou je. Někteří členové se jí dokonce cítili zavázáni za to, jak o ně pečovala – například mladé matky, kterým zařídila donášku jídla. V určitém smyslu byla vším, čím by měl člen být, kromě svých hříchů. Spojení pravidelné účasti na bohoslužbách, vztahů a toho, že přijímala večeři Páně, lidem ze sboru i návštěvníkům dosvědčovalo, že církev potvrzuje její vyznání víry.

ROZHODNUTÍ

Pomluvy a rozvracení sboru patří mezi věci, které je leckdy těžké hodnotit, avšak starší se rozhodli zařadit její jednání do těchto kategorií vzhledem k tomu, že splňovalo následující kritéria:

- Jenny tvrdila věci, které nemohla podpořit ani důkazy, ani svědectvím dalších osob.
- Když byla požádána, aby s obviňováním přestala, odmítla to udělat.
- Pokoušela členy sboru a další lidi ke zpochybňování důvěry ve vedoucí i k tomu, aby je začali podezírat a kritizovat.
- Aktivně si získávala spojence, kteří by jí při rozvracení sboru pomáhali.
- Její činnost začala mít na fungování sboru jednoznačně rušivý vliv. Často přicházela na přetřes při vzájemných rozhovorech členů sboru. Připravovala starší o čas. Lidé přiznávali, že ovlivňuje jejich schopnost soustředit se na kázání.

Starší si tedy řekli, že dotyčná patří mezi „vlky", před kterými mají pastýři stádo jednoznačně varovat, ať už jsou dotyční členy sboru, nebo ne (Skutky 20,28–31; viz také 2. Petrův 2; Zjevení 2,20–29). Proto jí v soukromí vyzvali, aby nepřistupovala k večeři Páně, dokud neučiní veřejné pokání, a na členské schůzi sbor varovali před jejími pomluvami a působením rozkolu. Také členům sdělili, že se k ní nemají chovat tak, jako by byla křesťankou, a nemají se nechat oklamat a svést na scestí jejím destruktivním jednáním.

Vzhledem k tomu, že Jenny nebyla členkou sboru, se starší rozhodli nevyzývat sbor ke konkrétním krokům a nemluvili ani o „vyloučení" (kap. 2). Místo toho sboru vysvětlili, že by si jejich jednání měl vykládat jako poučení a varování – tedy něco, co mají právo udělat ze své pozice strážců stáda (Skutky 20,28–31).

12

ČLEN REZIGNUJÍCÍ
Z PREVENTIVNÍCH DŮVODŮ

SITUACE

Jack se po dvaceti letech manželství hodlal nechat rozvést. Po finanční stránce si vedl dobře, jak potvrzovaly i jeho nedávné koupě. Když se různí lidé pokusili správnost jeho rozhodnutí zpochybnit, prohlásil, že se s manželkou natolik odcizili, že už není možné vztah zachránit, a že prostě jenom „obývají stejný dům". Jeho manželka s hodnocením situace smutně souhlasila, ale rozvod si nepřála.

Několik Jackových přátel se ho snažilo přemluvit, aby si to rozmyslel. Nakonec požádali o pomoc jednoho z kazatelů a při pětačtyřicetiminutovém setkání padla slova „církevní kázeň". Po týdnu poslal Jack do sborové kanceláře dopis se žádostí o ukončení členství. Současně podal u příslušných úřadů žádost o rozvod.

Měl by být Jack vyloučen? Může se člen vyhnout sborové kázni tím, že rezignuje na členství?

POSOUZENÍ HŘÍCHU

Křesťané se sice neshodnou na tom, zda Ježíš a Pavel povolují rozvod v takových případech, jako je odchod nebo nevěra manželského partnera (viz Matouš 19,9; 1. Korintským 7,15), ale většina by jich souhlasila s tím, že důvody, které uváděl Jack, oprávněné nejsou. Takovýto čin by znamenal porušení Bohem ustavené manželské smlouvy, a jednalo by se tedy o hřích.

Navíc by se vzhledem k několika předchozím varováním jednalo o jasný, vědomý a svévolný hřích – tedy takový, který okamžitě zpochybňuje něčí vyznání víry.

POSOUZENÍ POKÁNÍ

Pokání by v této situaci mělo naprosto jednoznačnou podobu: stáhnout žádost o rozvod. Jack však nejevil žádné známky toho, že by chtěl od svého úmyslu upustit.

DALŠÍ FAKTORY

Rezignací na členství se Jack chtěl vyhnout vyloučení. Byl to oprávněný důvod k ukončení členství? Ne. Křesťané jsou povoláni k tomu, aby se jako projev poslušnosti Kristu podřídili dohledu místního sboru, který bude potvrzovat jejich vyznání víry (kap. 2). Lidé se připojují ke sboru s jeho souhlasem a ukončení členství rovněž vyžaduje souhlas. Znamená to, že si nikdo nemůže jen tak přijít do církve a prohlásit: „Odteď jsem člen." Ať jsou sbory organizované jakýmkoliv způsobem, mají určitý způsob, jak prověřit a následně potvrdit něčí vyznání víry. Ježíš svěřil apoštolské církvi klíče od Božího království přesně k tomuto účelu. Přesto je členství ve sboru „dobrovolné" v tom smyslu, že nás Ježíš nezavazuje k tomu, abychom si zvolili určitou církev, a ne jinou. Přikazuje nám však, abychom si některou zvolili. A stejně jako se člověk nemůže sám od sebe do sboru „začlenit", nemůže ani sám „přestat být členem". Členové se nemohou vyhnout hrozící kázni tím, že ze sboru preventivně odejdou (kap. 2); ukončení smluvního vztahu vyžaduje souhlas obou stran.[5] Povolit takové jednání by znamenalo přímo podkopávat samotný účel Ježíšova rozhodnutí svěřit církvi klíče od Božího království pro uplatňování kázně. Bylo by to totéž jako dovolit zatčenému zločinci rezignovat na občanství, aby se mohl vyhnout obžalobě a usvědčení.

ROZHODNUTÍ

Starší se rozhodli, že sboru doporučí žádosti o ukončení členství nevyhovět. Místo toho sbor požádali o vyloučení Jacka na základě jeho žádosti o rozvod. Vzhledem k tomu, že se jeho jednání, ve kterém pokračoval navzdory několikerému varování, vyznačovalo neochotou činit pokání a rozhodnutí nechat se rozvést už bylo potvrzeno právním aktem, požádali sbor, aby Jacka vyloučil s okamžitou platností (kap. 3 a 4). Sbor souhlasil a odhlasoval Jackovo vyloučení z církve i z účasti na večeři Páně.

---

[5] Podrobnější rozbor tohoto bodu najdete v mém článku „The Preemptive Resignation—A Get Out of Jail Free Card?" na 9Marks, listopad/prosinec 2009, http://www.9marks.org/ejournal/preemptive-resignation-get-out-jail-free-card.

13

ČLENKA, KTERÁ SE ZŘEKLA VÍRY

SITUACE

Jessica vyrostla v rodině, která nevyznávala žádné náboženství. Na vysoké škole si jako hlavní předmět zvolila filozofii a označovala se za agnostičku. Pak se stala deistkou. Krátce si pohrávala se zen-buddhismem. Poté však začala chodit s křesťanem a rozhodla se, že se stane křesťankou. Po ukončení vysoké školy se vzali a vstoupili do církve.

Po pěti letech manželství začala Jessica zpochybňovat víru a nakonec dospěla k závěru, že pokud Ježíš někdy existoval jako historická osobnost, určitě nevstal z mrtvých. Po několika setkáních s jedním ze starších, při kterých s ním probírala svoje pochybnosti, si řekla, že bude nejlepší vzdát se víry, rezignovat na členství v církvi a přestat se označovat za křesťanku.

Měl by sbor vyloučit někoho, kdo se už neoznačuje za křesťana?

ROZHODNUTÍ

Když Jessica dospěla k svému rozhodnutí, kazatel ji varoval a nabádal ji, aby činila pokání. Nedoporučil však starším její vyloučení a stejně tak ho starší nedoporučili sboru. Místo toho oznámili, že Jessica se oficiálně zřekla víry a prohlašuje se za nevěřící, a že ji tedy vyškrtnou ze seznamu členů, a to nikoliv v důsledku vyloučení, ale na její vlastní žádost.

Zdůvodnili to následovně: Ježíš dal místní církvi pravomoc nad věřícími, nikoliv nad nevěřícími (kap. 2). Proto zde církev nemá skutečné právo jednat. Podle Pavla má sbor soudit toho, „kdo si říká bratr" (1. Korintským 5,11), a to už se na Jessiku nevztahovalo.

Určitě by se našla spousta případů významného odklonu od biblického učení a odpadnutí od víry, které by, jak vysvětloval Pavel Timoteovi, volaly po vyloučení ze sboru (1. Timoteovi 1,18–20 ČEP). Věčné důsledky Jessičina rozhodnutí samozřejmě nejsou o nic méně děsivé než ty, jež Pavel předvídal u lidí, kteří pohrdli vírou i dobrým svědomím, a tak ztroskotali ve víře (v. 19). S Timoteem však projednával situaci zahrnující aktivní rouhačství, které z povahy věci zahrnuje snahu aktivně svádět na nesprávnou cestu členy sboru, což o Jessice neplatilo.

Starší tedy prohlásili, že ze strany sboru nebudou podniknuty žádné kroky, podobně jako by tomu bylo v případě, že by člen sboru zemřel. V obou těchto případech členství prostě zaniká. Doporučili lidem, aby se k Jessice chovali přátelsky a jednali s ní stejně jako s kterýmkoli nevěřícím, zvali ji k sobě domů a zvěstovali jí evangelium.

14

ČLEN RODINY

SITUACE

Jamesova manželka Jill byla nedávno vyloučena ze sboru kvůli hráčské závislosti (viz rozbor případu v 7. kapitole). James s rozhodnutím církve souhlasil, ovšem po čase si v Bibli přečetl Pavlova slova: „... s takovými ani nejezte" (1. Korintským 5,11).

Jamesovu manželku rozhodnutí sboru silně pobouřilo a v důsledku Jamesova rozhodnutí hlasovat společně se sborem se cítila odmítnutá. Neměla však v úmyslu od něj odejít a stejně tak neměl on v úmyslu opustit ji (viz 1. Korintským 7,12–14). Teď ale uvažoval, zda by s ní neměl úplně přestat jíst.

Jak by se měl člen rodiny chovat k tomu, kdo byl vyloučen ze sboru?

ROZHODNUTÍ

Při soukromém setkání jeden ze starších Jamesovi vysvětlil, že je podle Bible povinen manželku i nadále milovat, sloužit jí a starat se o ni, a v případě nutnosti za ni i položit život, jako to udělal Kristus pro církev (viz 1. Korintským 7,14–15; Efeským 5,25–30). Starší poukázal na rozdíl mezi manželstvím, které Bůh ustanovil při stvoření, a které je tedy institucí, s níž se pojí všeobecná milost, a místním sborem jakožto institucí sloužící vykoupení, se kterou se pojí zvláštní milost. Skutečnost, že Jamesova manželka byla vyloučena ze sboru, Jamese nezbavovala odpovědnosti v oblasti manželství.

Obecně platí, jak vysvětloval starší, že členové rodiny kázněného člena sboru by měli dál plnit biblické povinnosti, které se pojí se životem v rodině (viz například Efeským 6,1–3; 1. Timoteovi 5,8). A k těmto povinnostem se určitě řadí povinnost dětí *jíst* s rodiči nebo manžela *jíst* s manželkou.

Přesto s sebou akt vyloučení nesl nový náročný úkol ohledně způsobu, jakým se bude James k manželce chovat. Pavlův příkaz, aby členové církve nejedli s vyloučenými členy, měl sloužit přinejmenším trojímu účelu: chránit křesťany před kvasem hříchu, chránit vyloučeného člena před představou, že ho církev dál považuje za věřícího, a chránit svědectví církve ve vztahu k okolní společnosti. V dobách rané církve se společným stolováním dávala najevo ochota mít s daným člověkem společenství, starat se o něho a chránit ho. (Právě z tohoto důvodu měli náboženští představitelé námitky vůči tomu, aby Ježíš jedl s výběrčími daní a hříšníky.) A Pavel si nepřál, aby se členové ve vztahu s vyloučeným členem angažovali *jakýmkoliv způsobem*, kterým by dávali najevo tento druh vzájemného společenství mezi křesťany.

Z tohoto hlediska se James musel začít snažit hledat rovnováhu mezi tím, že se bude snažit manželce dávat najevo lásku, a to i romantickou, a bude jí ochoten sloužit až do krajnosti, a přitom si dávat bude pozor na to, aby neříkal ani nedělal nic, co by v ní vzbuzovalo dojem, že ji dál považuje za křesťanku. Naopak se bude muset snažit povzbuzovat manželku k pokání a víře.

3. ČÁST

JAK ZAČÍT

15

KÁZNI MUSÍ PŘEDCHÁZET VYUČOVÁNÍ

Mark Dever, zkušený pastor a známý zastánce církev kázně, zahajuje článek na téma církevní kázně následujícími nečekanými slovy: „Nedělejte to.' To je první věc, kterou řeknu kazatelům, když objeví, že se v Bibli mluví o církevní kázni. Řeknu jim: ,Nedělejte to – aspoň ne teď.'"[6]

Proč by měl někdo, kdo považuje církevní kázeň za jednu ze známek zdravého sboru, začínat takovou radou? Mark Dever v duchu vidí kazatele, který poprvé uslyší o kázni. Zpočátku mu tato myšlenka připadá divná. Pak se ale tento kazatel podívá na všechny příslušné biblické oddíly a začne pociťovat usvědčení. Uvědomí si svou nedbalost. Neprojevoval dostatečnou péči o sbor ani o Kristovu pověst. Neprojevoval patřičnou lásku ke svým ovcím

---

[6] Mark Dever, „Don't Do It!! Why You Shouldn't Practice Church Discipline" na 9Marks, listopad/prosinec 2009, www.9marks.org/ eJournal/don't-do-it-why-you-shouldnt-practice-church-discipline.

ani k nevěřícím bližním. Usvědčení přeroste v odhodlání a imaginární kazatel se rozhodne přistoupit k činu. Mark Dever pokračuje následujícími slovy:

> Právě v tomto okamžiku se často dostaví zarputilé odhodlání: „Povedu sbor k tomu, aby se v téhle oblasti začal chovat biblicky, i kdyby to měla být poslední věc, kterou v něm udělám!" A v mnoha případech to také ta poslední věc je. Do poklidného dobrosrdečného života nevinného sboru, který se snaží žít podle Bible, udeří blesk v podobě církevní kázně. Možná během kázání. Nebo při rozhovoru mezi kazatelem a diákonem. Nebo jako spěšně vznesený návrh na sborové schůzi. Ale někde rozhodně udeří a většinou ho provází velká upřímnost a záplava citátů z Písma.
>
> Pak jsou podniknuty upřímně míněné kroky.
>
> A po nich se dostaví reakce: nepochopení a zraněné pocity. Následuje protiútok. Hřích se stane terčem útoku a obhajoby. Strany si navzájem spílají. Padají příkrá slova. Harmonie místního sboru se změní v kakofonii sporů a vzájemného obviňování. Lidé začnou volat: „Kdy už to skončí?" a „Tak vy si myslíte, že jste dokonalí?"[7]

---

[7] Tamtéž.

Poučení, které z toho plyne, samozřejmě zní, že než se kazatelé pustí do praktického uplatňování formální církevní kázně, musí podniknout četné přípravné kroky. V této kapitole se zamyslíme nad tím, co potřebují kazatelé vyučovat, a v té příští nad některými organizačními záležitostmi, které je dobré předem zajistit.

UČTE O SVATOSTI A POKÁNÍ

Jak už jsme si říkali v Úvodu a ve 2. kapitole, má-li sboru myšlenka církevní kázně dávat vůbec nějaký smysl, lidé musí solidně rozumět evangeliu a tomu, co znamená být křesťanem. Být křesťanem nespočívá jen v jednorázovém rozhodnutí; týká se to víry a pokání, jejichž výsledkem je úplně nový vzorec rozhodování. Znamená to podřizovat se Kristu jako Pánu.

Božím záměrem je, aby jeho lid vypadal jinak než okolní svět – aby žil posvěceným životem a bojoval proti hříchu. Právě v tom spočívá pokání. Pokání neznamená, že člověk přestane hřešit, ale že vyhlásí hříchu boj. Sbor musí mít v těchto věcech jasno, než od něj můžeme čekat, že porozumí církevní kázni.

UČTE O ČLENSTVÍ

Církev nebude ochotna někoho *vyloučit*, dokud nebude chápat, co znamená být *v církvi* a být *mimo církev*. Bible se k tomu vyjadřuje jasně: existují lidé, kteří jsou „části" Kristova těla (1. Korintským 12,27 B21), a pak jsou tu ti, kteří jsou „venku" (1. Korintským 5,12 B21). Pokud sbor toto nechápe, bude mu představa, že by měl někoho poslat „ven", připadat dosti absurdní.

Když to vyjádříme konkrétněji, členové sboru potřebují pochopit, že členství v církvi není totéž co členství v klubu nebo jiné zájmové organizaci. Souvisí s příslušností k Božímu království, ve kterém jsme potvrzeni a uznáni jako králi vyslanci, a to královým zástupcem, připomínajícím velvyslanectví, totiž místní církví. Když jednotlivec dospěje k závěru, že je křesťan, nemá pravomoc stanout před světem a prohlásit: „Hej, světe, teď jsem s Ježíšem!" tím, že by se sám pokřtil a sám si začal vysluhovat večeři Páně. Nic takového. Tuto pravomoc má církev, a to prostřednictvím klíčů království.

Co je to členství v církvi? Je to veřejné stvrzení vyznání víry jednotlivých křesťanů ze strany místního sboru, spojené s jejich rozhodnutím podřídit se dohledu církve. Když tomu začne váš sbor rozumět, začne mu myšlenka církevní kázně dávat výrazně větší smysl.

Toto vědomí pomůže lidem pochopit, proč nemají právo prostě rezignovat na členství, když jim hrozí kázeň. Lidé se ke sboru připojují na základě pravomoci církve a na základě stejné pravomoci ji také opouštějí.

UČTE O UČEDNICTVÍ

Jak jsme viděli v počátečních kapitolách, učednictví i kázeň zahrnují jak vyučování, tak nápravu. A tento učednický proces bude probíhat jak v soukromí, tak v rámci celé skupiny.

Sbor tedy potřebuje pochopit, že k roli Kristova učedníka patří vědět, jakým způsobem ho budou jiní Kristovi učedníci vyučovat nebo vést k nápravě. Kazatelé by měli členy sboru povzbuzovat, aby spolu rozvíjeli vztahy, ve kterých bude upozornění na problém i poučení normální. Měli by je vyučovat, že křesťan zakotvený v evangeliu se naučí zvát jiné, aby ho upozornili na problém, a sám bude takové upozornění citlivě poskytovat. Starší muži mladším mužům a starší ženy mladším ženám.

Když začne být tento druh vykazatelnosti pro vztahy v církvi typický, začne formální kázeň dávat větší smysl. Pokud nedává, bude návrh na přistoupení k formálnímu aktu kázně působit jako blesk z čistého nebe.

UČTE O SEBEKLAMU

Učednictví existuje částečně proto, že lidé včetně křesťanů mají sklon k sebeklamu. Právě proto apoštolové křesťany znovu a znovu varovali, aby se nemýlili a nenechali se klamat (1. Korintským 6,9; Galatským 6,7; Jakub 1,16). „Ať nikdo neklame sám sebe,“ říká Pavel v 1. Korintským 3,18. A jinde prohlašuje, že „zlí lidé a podvodníci budou postupovat stále k horšímu; budou svádět jiné a sami budou sváděni“ (2. Timoteovi 3,13). Je snadné říct, že „žádný hřích nemáme“, takže pak (Janovými slovy) „klameme sami sebe“ (1. Janův 1,8). Dokonce i naše touhy nás klamou (Efeským 4,22).

Křesťané, kteří zapomínají na svůj sklon podléhat sebeklamu, už propadli pýše a jsou na nejlepší cestě k povýšenému farizejství. Řešení spočívá v tom, že člověk začne vítat kázeň. Bude žádat, aby ho druzí upozornili na problémy, a vítat napomenutí. To je cesta k pokoře a moudrosti.

Místní sbory existují částečně proto, aby nás chránily před námi samotnými. Právě bratři a sestry z našeho okolí, kteří nás mají rádi a jsou odhodláni usilovat o naše dobro, nám pomohou vidět věci, které na sobě sami nevidíme. Nejsme ti nejlepší světoví znalci své vlastní osoby.

Tyto věci by měli kazatelé v dobrých časech vyučovat týden za týdnem, takže až přijdou horší časy, bude na ně sbor připravený.

UČTE O KÁZNI

Sbor potřebuje být vyučován o církevní kázni na základě nejvýznamnějších oddílů, které o tomto tématu pojednávají, což je například Matouš 18 a 1. Korintským 5. Přirozenou platformu pro tento druh vyučování představují kázání, skupinky a sborové zpravodaje.

Kazatelé se však potřebují také naučit, jak ve vhodných případech uplatnit i jiné biblické oddíly vztahující se k členství a kázni. Například text z 1. listu Petrova o tom, že máme být svatí, protože Bůh je svatý, má jasné individuální aplikace, ale vztahuje se i na celé společenství: Jestliže má být Boží lid svatý, měli bychom se jako sbor starat o to, koho přijmeme za člena a koho propustíme.

Nebo si vzpomeňte na texty z Janova evangelia a epištol o lásce, která vede k poslušnosti. Tyto oddíly nemají praktické uplatnění jen pro osobní život, ale i pro sbor: Jak se můžeme ve sboru naučit větší vzájemné lásce? Tím, že si budeme navzájem pomáhat poslouchat Boha, a tím, že se v případě neposlušnosti budeme navzájem citlivě napomínat. Upozornit neposlušného bratra v Kristu na jeho hřích je za předpokladu, že nás k tomu vedou správné motivy, láskyplný čin. Věříte tomu?

Vlastně by se dalo říct, že prakticky kterýkoli text na téma svatosti, pokání, obrácení, Boží vlády nad člověkem a učednictví by se dal snadno aplikovat na oblast kázně, nemluvě o oddílech pojednávajících o rozsáhlých tématech z oblasti dějin vykoupení, jako je třeba vyznačení izraelských hranic nebo vyhnanství Izraelců.

Kazatelé by měli členy učit také o smyslu kázně. Církve nesmí kázeň uplatňovat jako odvetné opatření, ale jako projev evangelijní lásky. V 1. kapitole jsme viděli, že kázeň slouží k odhalení zhoubného hříchu, jako varování před ještě horším soudem, k záchraně hříšníka, k ochraně jiných členů sboru a k tomu, abychom přinášeli dobré svědectví o Kristu. To vše je projevem lásky.

UČTE O LÁSCE

Základem církevní kázně je tedy láska. „Koho Pán miluje, toho přísně vychovává" (Hebrejům 12,6 ČEP). A totéž platí pro jeho církev.

Problém je v tom, že v dnešní době vnímá většina lidí lásku jako něco sentimentálního: milovat podle nich znamená vzbuzovat v tom druhém pocit, že je někým výjimečným. Nebo o lásce chovají romantické představy: milovat znamená dovolit tomu druhému, aby se projevil bez obavy z odsouzení. Nebo konzumní představu: láska znamená najít někoho, kdo vám dokonale vyhovuje. Podle obecně rozšířených představ má láska jen málo společného s pravdou, svatostí a pravomocí. Takhle ovšem láska v Bibli nevypadá. Láska v Bibli je svatá. Vznáší požadavky. Vede k poslušnosti. „Neraduje se z nepravosti, ale raduje se spolu s pravdou" (1. Korintským 13,6). Ježíš říká, že pokud zachováváme jeho přikázání, zůstáváme v jeho lásce (Jan 15,10). A Jan nám říká, že se v nás Boží láska stane dokonalou, když budeme zachovávat Boží slovo (1. Janův 2,5). Jak si členové církve navzájem pomáhají zůstávat v Kristově lásce a vidět jedni u druhých dokonalost Boží lásky? Tak, že jedni druhým pomáhají poslouchat Boha a řídit se jeho slovem. Prostřednictvím učení a upozorňování na nedostatky.

Církev, která rozumí biblické lásce, bude mít mnohem větší šanci porozumět církevní kázni.

16

KÁZNI MUSÍ PŘEDCHÁZET DOBRÉ USPOŘÁDÁNÍ

Příprava sboru na praktické uplatňování církevní kázně často vyžaduje víc než jen samotné vyučování. V mnoha případech je zapotřebí i organizačních změn. Dovolte, abych upozornil na čtyři organizační záležitosti.

DEJTE SI DO POŘÁDKU SBOROVOU DOKUMENTACI

Některé sbory mají svá interní pravidla. Jiné zase ustavující dokumenty a ještě jiné sbory vyznání víry nebo sborové smlouvy. Ať má váš sbor cokoliv z toho, v západním světě sbory svým členům prokážou dobrou službu, když zajistí, aby tyto dokumenty vysvětlovaly (1) co se od člena očekává, pokud jde o věroučné názory a chování; (2) jak fungují sborové struktury autority; (3) co je možné v normálních případech očekávat, pokud jde o přijímání nových členů nebo zrušení členství; (4) jak za mimořádných okolností funguje církevní kázeň.

Dát lidem na vědomí, podle jakých měřítek budou voláni k odpovědnosti, ještě než přistoupíte ke kázni, je projev laskavosti. Vyznání víry je seznámí s tím, jaké věroučné názory se od nich očekávají. Díky smlouvě se dozvědí, jaký způsob života se od nich očekává. Z ustavujících dokumentů pochopí, jak funguje členství a kázeň. Takové dokumenty současně posilují jednotu. Když má sbor k dispozici dokumenty, na jejichž obsahu se shodl, ušetří si spory o metody a pravidla pokaždé, když se vyskytnou neshody.

ZAJISTĚTE SI PATŘIČNÝ PRÁVNÍ ZÁKLAD

Když si sbor dá do pořádku svou dokumentaci, pomůže mu to také vytvořit patřičný právní základ pro uplatňování sborové kázně ve společnosti, která má silný sklon dávat věci k soudu. Proti některým sborům byly kvůli církevní kázni vedeny úspěšné soudní procesy.[8]

Jeden z nejúčinnějších způsobů, jak takovým procesům zabránit, spočívá v přijetí konkrétních biblických pravidel, která vyčerpávajícím způsobem popisují, jak bude u členů, kteří nejsou ochotni činit pokání, uplatňována sborová kázeň. Jedním z nejúčinnějších způsobů obrany proti jakémukoliv soudnímu stíhání je informovaný souhlas. Aby si sbor zajistil tuto obranu, potřebuje

---

[8] Viz článek Kena Sanda „Informed Consent: Biblical and Legal Protection for Church Discipline", 9Marks, září/říjen 2009, http://www.9marks.org/ejournal/informed-consent-biblical-and -legal-protection-church-discipline.

být schopen soudu dokázat, že osoba podávající stížnost si byla plně vědoma sborových pravidel a postupů a souhlasila, že se jimi bude řídit.

Kromě toho, že sbor bude mít postup při provádění sborové kázně jednoznačně popsaný v ustavujících dokumentech nebo pravidlech, by ho také měl jasně a srozumitelně vyučovat na kurzech pro členy.

Vynikajícím zdrojem pro tyto záležitosti je služba Peacemaker Ministries: www.peacemaker.net.

DEJTE SI DO POŘÁDKU SEZNAM ČLENŮ

Uplatňování církevní kázně vyžaduje, aby sbor věděl, *kdo ho tvoří*. Před několika lety přijal jeden z mých přátel místo hlavního pastora v jistém mezinárodním sboru na Středním východě. Když tam dorazil, zjistil, že shromáždění se účastní nějakých šest set lidí, ale nevedou se žádné opravdové seznamy členů. Našel se nějaký starý telefonní seznam s asi stovkou jmen, ale nic dalšího neexistovalo. Celou situaci mi shrnul následujícími slovy: „Nevěděli jsme, kdo jsme." Ani on, ani nikdo jiný v církvi netušil, kdo souhlasil s tím, že bude vůči sboru vykazatelný. Církev byla věrná v oblasti kázání. Nebyla však věrná, pokud jde o používání klíčů v podobě křtu, večeře Páně nebo sborové kázně.

Co by se stalo, kdyby se můj přítel pokusil za této situace přednést sboru případ volající po sborové kázni? Postup by selhal z několika různých příčin: obviněný jednotlivec by mohl tvrdit, že nespadá pod sborovou autoritu, jiní vedoucí sboru by s tím možná souhlasili a další lidé, kteří chodí do sboru, by nevěděli, zda se mají na rozhodování podílet, nebo ne.

Jiné sbory mají jiný problém než můj přítel na Středním východě, totiž členskou základnu, která výrazně převyšuje počet návštěvníků bohoslužeb: na bohoslužby chodí tři sta lidí, a na seznamu je jich tisíc. V takovém případě je náročné poctivě uplatňovat sborovou kázeň. Jak může sbor káznit jednoho člena za neúčast a zbývající 699 nechat na pokoji?

Stručně řečeno, než vedoucí sboru začnou uplatňovat církevní kázeň, je ve většině případů nutné dát do pořádku seznam členů. Je třeba, aby na seznamu figurovali hlavně lidé, kteří docházejí na pravidelná týdenní shromáždění (samozřejmě s výjimkou těch, kdo nemohou opouštět domov, příslušníků armády nebo lidí, kteří jsou dočasně mimo domov v důsledku služebních záležitostí, apod.).[9]

ZAJISTĚTE SI SOUHLAS VEDOUCÍCH

A konečně je nutné získat jistotu, že s církevní kázní souhlasí vedení sboru jako celek, a to jak v otázce principu, tak u každého jednotlivého případu. Pokud kazatel nebo někdo ze starších vznáší obvinění, a ostatní se drží zpátky,

---

[9] Jako vodítko v této záležitosti mohou posloužit dva články Matta Schmuckera „Cleaning Up the Rolls" a „Cleaning Up the Rolls (Part 2): The Care List", 9Marks, http://www.9marks.org/ejournal/cleaning-rolls a http://www.9marks.org/ejournal/cleaning-rolls-part-2-care-list. Viz také Mark Dever, „Why We Disciplined Half Our Church", LeadershipJournal.net, 1. října 2000, http://www.christianitytoday.com/le/2000/fall/16.101.html.

protože mají pochybnosti v otázce principu nebo konkrétního praktického uplatnění, povede to ve sboru k nejednotě. Proto platí, že potřebuje-li kazatel o církevní kázni učit sbor jako celek (jak jsme si říkali v předchozí kapitole), je rozhodně nutné, aby o ní poučil i své spolupracovníky ve vedení.

Když sbor přistoupí k uplatňování kázně, může to vyvolat náladové diskuse. V takových situacích by každý měl rád po boku zralé vedení, které sdílí jeho přesvědčení.

ZÁVĚR

JSTE PŘIPRAVENI ZAČÍT? KONTROLNÍ SEZNAM PRO KAZATELE

Když mi některý kazatel sboru, kterého osobně neznám, položí otázku, zda má přistoupit k uplatnění kázně, vyptám se ho na detaily dané situace. Požádám ho však také, aby si prošel seznam, který do značné míry připomíná podtitulky z předchozích dvou kapitol. Obvykle s ním po telefonu nebo osobně s ním proberu následující otázky.

KONTROLNÍ SEZNAM KAZATELE PRO UPLATŇOVÁNÍ CÍRKEVNÍ KÁZNĚ

Učení

1. Chápe váš sbor jasně evangelium a ví, že jeho součástí je pokání, poslušnost a uznání Kristovy vlády?
2. Stará se váš sbor pečlivě o oblast členství? Mají lidé jasnou představu o autoritě církve a pomá-

hají členové jedni druhým být vykazatelní ve víře? Uplatňují tuto vykazatelnost v soukromí?

3. Chápou, že ke křesťanskému učednictví patří jak poučení, tak upozornění na nedostatky?

4. Rozumí tomu, že sami mají sklon podléhat sebeklamu a že jim Bůh ve své lásce a moudrosti posílá do života jiné křesťany právě z tohoto důvodu?

5. Vyučovali jste ve svém sboru o církevní kázni? Jednou, nebo při mnoha různých příležitostech? Měli o ní možnost učit i jiní učitelé – třeba v rámci biblických hodin nebo setkání skupinek? Připadá vám, že sbor přijímá toto učení jako biblické?

Struktura

6. Odrážejí sborové dokumenty praxi církevní kázně? Byli členové při vstupu do sboru seznámeni s tím, že mohou očekávat církevní kázeň? Byli poučeni, že v případě změny názoru na některou otázku ze sborového vyznání víry mají zajít za někým ze starších? Ví, že mohou být voláni k odpovědnosti ve věci života podle biblických principů?

7. Jinými slovy, má sbor patřičný právní základ – jste schopni doložit informovaný souhlas?

8. Odpovídá seznam členů skupině lidí, které v neděli kážete?

9. Chápou vaši spolupracovníci ve vedení princip církevní kázně, souhlasí s ní a vnímají její důležitost?

Konkrétní situace

10. Pokud se jedná o první situaci uplatnění kázně ve vašem sboru, jde o poměrně jednoduchý případ? Jinak řečeno, očekáváte, že církev jako celek bude souhlasit, že daný hřích výrazně neladí s postavením Ježíšova vyslance?

DODATEK

JAKÉ CHYBY DĚLAJÍ KAZATELÉ PŘI UPLATŇOVÁNÍ KÁZNĚ

Kazatelé se občas v oblasti formální církevní kázně dopouštějí následujících chyb:

1. Neučí sbor, co církevní kázeň je a proč by se měla uplatňovat v praxi.

2. Nevedou ve sboru smysluplné členství, které vyžaduje: (1) poučení lidí před připojením ke sboru o tom, co členství obnáší; (2) povzbuzování běžných návštěvníků bohoslužeb k začlenění do sboru; (3) pečlivý přijímací pohovor s každým, kdo se chce stát členem; (4) pravidelný dohled nad celým stádem; (5) udržování aktuálního seznamu členů, který bude odpovídat skupině přítomné na každotýdenních shromážděních.

3. Neučí sbor o biblickém obrácení, zvlášť o nutnosti činit pokání.

4. Nepoučí nové členy při vstupu do sboru o možnosti církevní kázně a o tom, že preventivní rezignace na členství možná nebude stačit.

5. Nezařídí, aby veřejné sborové dokumenty (pravidla, ustavující dokumenty, články o členství apod.) zahrnovaly postupy uplatňované při církevní kázni, čímž vystavují sbor riziku právního postihu.

6. Neřídí se, v závislosti na okolnostech, kroky uvedenými v 18. kapitole Matoušova evangelia nebo v 1. Korintským 5. Například v situaci odpovídající 18. kapitole Matoušova evangelia nezahájí proces soukromým upozorněním na hřích.

7. Neposoudí správně, jak rychle je třeba přistoupit k formální kázni, a postup se pak buď nepřiměřeně vleče, nebo dotyčného příliš rychle odsoudí.

8. Nepoučí sbor dostatečně o tom, proč je konkrétní kázeňský akt nutný, a dostatečně to nevysvětlí.

9. Sdělí sboru o konkrétním hříchu, u kterého doporučují kázeňský postih, příliš mnoho podrobností, čímž u příbuzných dotyčného vyvolají trapné pocity a vystavují slabší ovce riziku klopýtnutí.

10. Přistupují k procesu církevní kázně výhradně jako k právnímu procesu a projevují jen minimální zájem o pastýřskou péči, kterou by člověku s nekajícím srdcem měli věnovat.

11. Nevěnují prakticky žádnou pozornost rozdílům mezi různými *druhy hříšníků* ani tomu, jak dlouho by měl sbor snášet vzorec hříšného cho-

vání, než přistoupí k následující úrovni kázně (viz 1. Tesalonickým 5,14).

12. Zapomínají, že i oni sami žijí z milosrdenství vycházejícího z evangelia, a tak kázeň uplatňují s povýšeným postojem. Z tohoto nesprávného postoje pak pramení další chyby, například přehnaně přísný tón nebo rezervovaný odstup.

13. Neprojevují opravdovou lásku k hříšníkovi – tím, že Pána neprosí, aby ho přivedl k pokání.

14. Požadují od nalomené třtiny nebo hasnoucího knotu příliš mnoho. Jinými slovy, kladou příliš přísné podmínky pokání někomu, kdo byl hluboce zotročen hříchem.

15. Nepoučí sbor patřičně o tom, jak by měl jednat s nekajícím hříšníkem – například, jak by se k němu měl chovat při společenských příležitostech nebo jak by se ho měl snažit přivést k pokání.

16. Nezvou kázněného jedince, aby dál navštěvoval bohoslužby, při kterých by mohl slyšet Boží slovo (za předpokladu, že nehrozí, že by se tam mohl dopouštět trestného jednání). A neřeknou ani sboru, že by všichni měli doufat, že se kázněný člověk bude dál účastnit shromáždění.

17. Celá zodpovědnost za vedení kázeňského procesu je vložena na jednoho člověka, totiž hlavního kazatele, což může různé lidi v církvi vést k pokušení obviňovat ho z osobní pomstychtivosti.

18. Nepostarají se o to, aby se starší dostatečně zapojili do života sboru, a ti pak neznají skutečný

stav ovcí. Toto selhání v oblasti formativní kázně nakonec oslabí i schopnost sboru uplatňovat korektivní kázeň.

19. Nevyučují Boží slovo pravidelně každý týden.

20. Dovolují sboru, aby k případu vyžadujícímu církevní kázeň přistupoval v nesprávném duchu, totiž s touhou po odplatě, místo s láskyplnou touhou varovat nekajícího hříšníka před konečným Božím trestem.

21. Uplatňují církevní kázeň na nebiblickém základě (kvůli hraní karet, tanci apod.).

22. Uplatňují církevní kázeň z jakýchkoli jiných důvodů, než je dobro daného jedince, dobro sboru, dobro přihlížejícího okolí a Kristova sláva.

INDEX BIBLICKÝCH ODKAZŮ

Building Healthy Churches

JE VAŠE CÍRKEV ZDRAVÁ?

Cílem 9Marks je předat vedoucím církve biblickou vizi a poskytnout jim praktické zdroje, aby prostřednictvím zdravých církví byla národům zjevena Boží sláva.

Za tímto účelem chceme pomáhat církvím růst v devíti znacích, jimiž se vyznačují zdravé církve, ale které často bývají opomíjeny:

1. Výkladové kázání
2. Učení evangelia
3. Biblické chápání obrácení a evangelizace
4. Biblické členství v církvi
5. Biblická církevní kázeň
6. Biblické učednictví a církevní růst
7. Biblické vedení církve
8. Biblické chápání modlitby
9. Biblické pojetí misie a biblická misijní činnost

V 9Marks vydáváme články, knihy, recenze knih a časopis v elektronické podobě. Pořádáme konference, nahráváme rozhovory a vytváříme další materiály, abychom církve vybavili ke zjevování Boží slávy.

Navštivte naše stránky, kde najdete obsah ve více než 40 jazycích. Zaregistrujte se, a získáte zdarma náš elektronický časopis. Kompletní seznam jazyků, ve kterých jsou naše stránky k dispozici, najdete zde: 9marks.org/about/international-efforts/.

9Marks.org

J. MACK STILES

EVANGELIZACE

KDYŽ CELÁ
CÍRKEV MLUVÍ
O JEŽÍŠI

DIDASKO

Představte si církev, ve které evangelizace neodmyslitelně patří ke sborovému životu. Tato kniha nepředstavuje žádný program. Možná však vašemu sboru ukáže nový způsob, jak evangelium společně žít i sdílet.

ISBN 978-80-87587-86-7, velikost 127×178 mm, 144 stran

Církevní kázeň
Jak chránit Ježíšovo jméno
Vydalo **Didasko, z.s.** jako svou 129. publikaci.

Autor: Jonathan Leeman
Překlad: Michaela Šramlová
Korektura: Alena Švecová
Sazba: Jaroslav Kernal
Obálka: © Anna Ali Brejšová

Výroba: PRINTO, spol. s r.o.